JN137783

図解

自分をアップデートする

金沢悦子

仕事のコツ大全

Tips for Business Encyclopedia

講談社

この本はこんな人に

同僚との**コミュニケーション**が
うまくいかない。

上司と反りが
合わない。

将来が**不安。**
仕事や環境に**不満**がある。

効きます！

頑張っているのに
認めてもらえない。
スキルアップできない。
残業が多い。

やる気が出ない。
イライラする。
不眠、肩こり、
体調不良が気になる。

仕事に変化や
スピード感がない。
忙しいだけで
やりがいを感じない。

はじめに

働く女性のためのキャリアの学校「はぴきゃりアカデミー」を主宰している金沢悦子と申します。本書では、これまでに1万人以上のビジネスパーソンに取材した経験から、仕事経験はそれなりに積んできた方々のための「今さら聞けない」仕事の基本をまとめました。ビジネス文書の書き方など社会人として知っておくべき基礎知識や時間管理術といった仕事を効率化するノウハウはもちろん、私自身の経験を通じて得たキャリアアップするためのヒントもご紹介しています。

もう20年以上一緒に仕事をしている弊社役員は、某編集プロダクションで社会人のスタートを切りました。小さなプロダクションだったために、新入社員研修なんてもちろんなし。名刺の渡し方もファックスの送り方も先輩方がやっているのを見よう見まねで覚えたそうです。

本当に苦労したのはその後、26歳で中堅の出版社へと転職したとき。名刺交換にしろ、取材先とのやりとりにしろ、同僚の所作を見てはじめて、自己流の自分との違いに気づき、ずいぶんと恥ずかしい思いをしたとか。

今やスマホひとつでなんでもすぐに検索できる時代ですが、困ってからでは遅いことも。本書は20〜30代のビジネスパーソンの「困った」を幅広くカバーしつつ、できるだけ普遍的な内容をピックアップしております。お守りのように一冊持っていただくと、何かと重宝するはずです。

金沢悦子

仕事のコツ大全　目次

PART 4 〝忙しい〟が〝楽しい〟に変わる仕事のしかた

PART 5 苦手ではすまない 人前・対面で話すコツ

PART 8 仕事力アップはここから！「美デスク」の作法

PART 9 今日より明日はもっと輝く「はぴきゃり成長戦略」

PART 1

「困った！」「できない！」からはじめる、ハッピー仕事術

仕事や人間関係が辛くて心が折れそう……。
実は、そんなときこそが大逆転のチャンス！
あなたはHAPPYの種を持っているのです。

人間関係、仕事のこと、悩みがいっぱいで心が折れそう

忙しいのは私だけ、誰も手伝ってくれない！　上司や同僚とイマイチかみあわない……。これでは仕事に対する意欲は、どんどん落ちていくばかりですよね。でも、仕事をしていれば、誰しもそれなりに悩みはあるもの。とくに、仕事の悩みについてのアンケートで、常に上位に挙がるのが「人間関係」です。

それぞれの立場もあるなかで、すべての人と良好な関係を維持するのは大変。嫌いな相手とは適度な距離を保てばいいと思っても、ギクシャクした関係が続くことに変わりはありません。

そんな人と無理に仲よくする必要はないけれど、少しだけ相手に対する見方を変えてみませんか？　それは相手の「よいところ」を探してみること。「意外といいところがあるな」と思うと、相手に対する苦手意識や嫌いなところが気にならなくなってきます。

これは、あなたが幸せになるための「トレーニング」。「よいところを見つけるスキル」にしっかり磨きをかけて、「困った！」「できない！」の悩みを吹き飛ばしましょう。

はぴきゃりDATA

仕事の「困った！」「できない！」で悩んだことはありますか？

●具体的な悩み

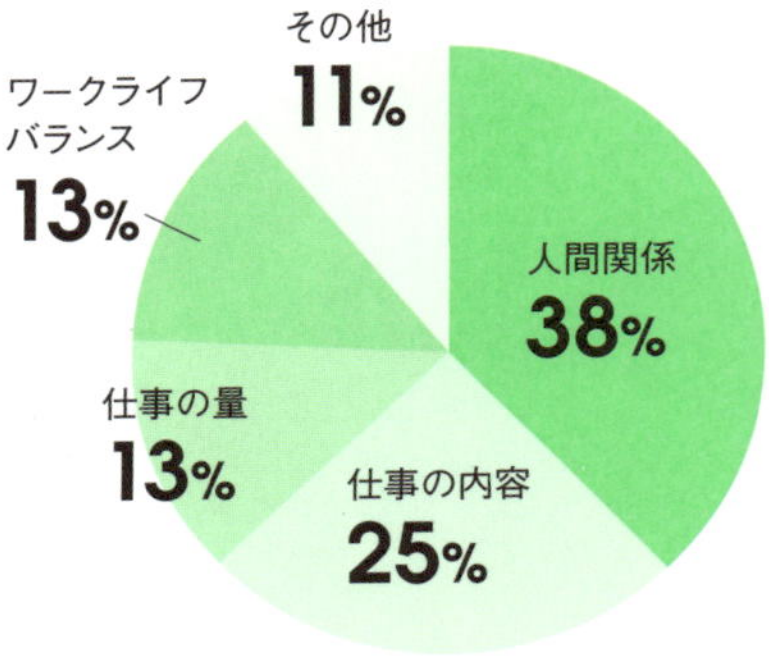

その他
11%
ワークライフバランス
13%
人間関係
38%
仕事の量
13%
仕事の内容
25%

回答数160人
（男性57人、女性103人）
ある＝152人
ない＝8人

本書の「はぴきゃりDATA」「リアルVOICE」は、はぴきゃりアカデミー（代表・金沢悦子）の協力により実施したアンケートに基づいて作成しています。

視点を変えると見方も変わる！

苦手な上司の違う〝顔〟が見えると……

HAPPYの種

自分が好き、面白いと思うほうに目を向けると、人や物事に対する捉え方が変わる

視点を変えれば悩みの7割は解決できます！

「よい面・よい情報」に半ば強制的にでも目を向けると、その意識は自分自身にも向くもの。人や物事に対する苦手意識が薄れるだけでなく、自信が湧いたり、やる気が出たり、自分のなかで変化がおきます。

コミュニケーションは「ありがとう」からはじめてみよう

HAPPYのツボ

「すみません」が溜まっていくと精神的な上下関係ができあがる!?

私たちは「ありがとう」も「すみません」も、同じように感謝を表す言葉として使います。でも、この2つの言葉は、受け取る側のニュアンスが微妙に違います。「ありがとう」は感謝が100%。「すみません」は、感謝のなかにお詫びの気持ちも混ざっています。

謙虚さが感じられるせいか、目上の人や見知らぬ人に何かしてもらったときは「すみません」をよく使います。

でも、相手の印象に残るのは最初の「ひと言」。上司に提出する前に、書類の誤字を指摘してくれた先輩に「すみません」と言ったら？　あなたは感謝のつもりでも、相手は「余計なことを言っちゃったかな」と受け取るかも……。

「すみません」は、相手の心に要らぬ〝負担〟をかけ、両者の間に距離ができてしまうことがあります。「ありがとう」は心をなごませる魔法の言葉。しつこいと思われるなんて気にせず、自分でも照れるくらい連発していいんです。

もしあなたが、オフィスでの人間関係でモヤモヤしたものを感じていたら「ありがとう」を意識して。この言葉が助けてくれます。

「すみません」は「ありがとう」に言い換えるように意識する

誰かに何かをしてもらったときのお礼の言葉は「ありがとう」

素直にうれしい気持ちが伝わる。「ありがとうございます」と頭を下げれば、丁寧さ、謙虚さも十分に伝わる。

HAPPYの種

コミュニケーションの基本は「ありがとう」。言葉の力を味方につけよう

お礼の言葉として間違っているわけではなく、相手の立場を思う〝謙虚な言葉〟だけれど「すみません」の多用は禁物。お礼を言うときは「ありがとうございます」、訪問先などで呼びかけるときは「お願いします」というように、他の言葉に言い換えるように意識してみましょう。

イラッとくる、気に障る、うっとうしい人だらけで困った！

HAPPYのツボ

上を向いたとき目障りな存在をたとえて「目の上のたんこぶ」という

目の上のたんこぶ

いろはかるたの文言の1つ。目障りな存在、うっとうしい人などをたとえる表現。主に、自分より地位や能力が上の者に対して使う。

オフィスで「目の上のたんこぶ」といったら、やたらと偉そうな上司、先輩風を吹かしたり、ライバル心むき出しの同僚でしょうか。いずれにしても、仕事上のつながりがあれば、嫌でも付き合っていかなければなりません。

しかし、あなたは、なぜ相手の言動にイラつくのか。その理由を考えたことはありますか？

あなたをイラつかせるのが、誰に対しても「タメ口」で話す同僚だとします。礼儀をわきまえていない、馴れ馴れしさが気に障る……いくつもの理由があるはずですが、業務に差し障りがないなら気にする必要はありません。

実はあなた自身は、その理由からたくさんの「気づき」を得ることができます。

それは、人と付き合ううえで大切にしたいこだわりかもしれませんし、「こうしなくてはいけない」という思い込みであることも。価値観が違うから気に障る「目の上のたんこぶ」は、大切なことに気づかせてくれる「魂の友」。そう考えればうっとうしい存在ではなくなります。

他人は自分を映す鏡。「反面教師」として割り切って付き合う

図解 リアルVOICE

あなたにとっての「目の上のたんこぶ」は？

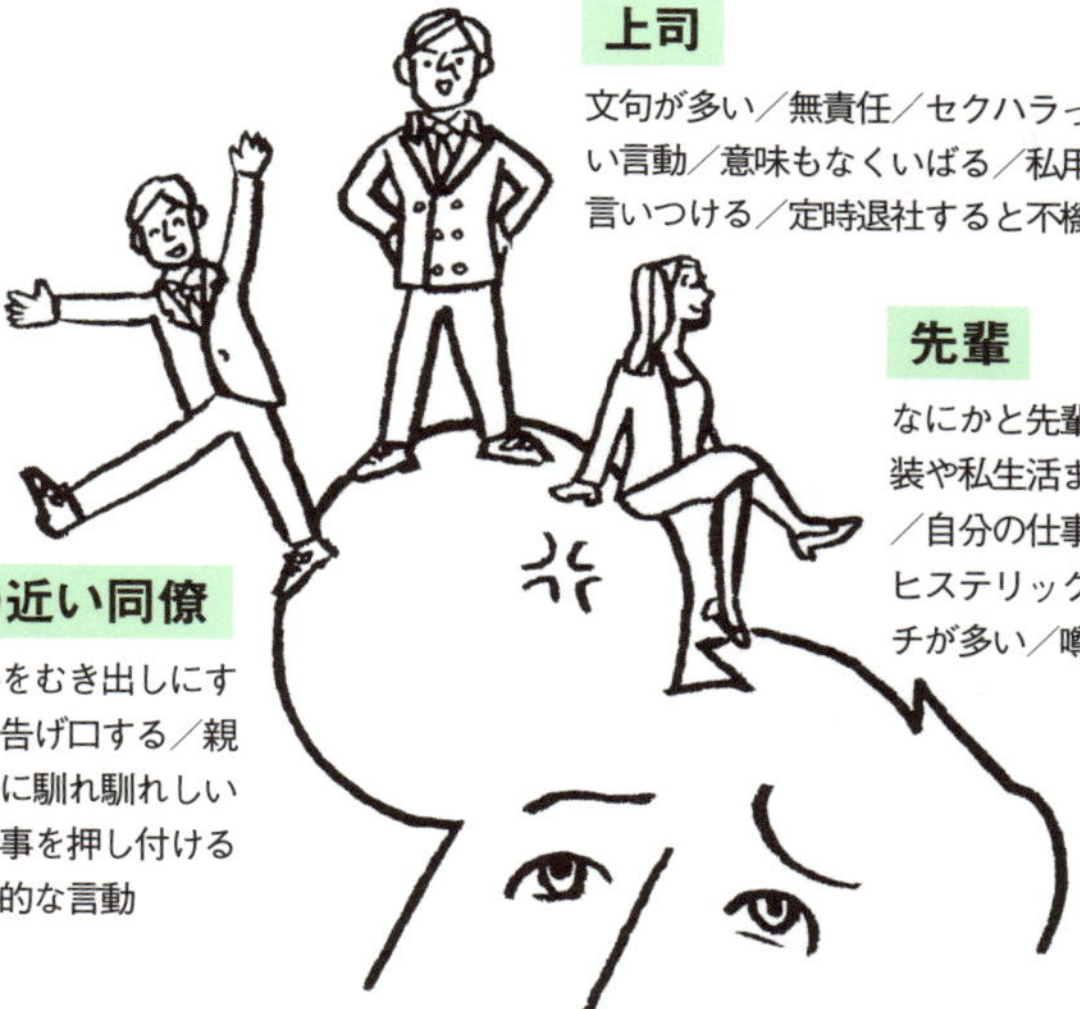

上司

文句が多い／無責任／セクハラっぽい言動／意味もなくいばる／私用を言いつける／定時退社すると不機嫌

先輩

なにかと先輩風を吹かす／服装や私生活まで干渉してくる／自分の仕事を押し付ける／ヒステリック／しつこい／グチが多い／噂話好き

年齢の近い同僚

ライバル心をむき出しにする／上司に告げ口する／親しくないのに馴れ馴れしい／自分の仕事を押し付ける／自己中心的な言動

入社5年以上の男女130人に行ったアンケートでは、「目の上のたんこぶ」的な存在トップは「上司」（31.1％）、2位「年齢の近い同僚」（13.1％）、3位「先輩」（8.2％）という結果でした。

「とくにいない」が、26.2％と2位、3位を上回りましたが、「自分の所属部署にはいないだけ」という人も多数。別の部署の上司・同僚や取引先の人など仕事上の人間関係、ママ友や義父母などプライベートなお付き合いのなかにも「目の上のたんこぶ」のような目障りな人はいるようです。

HAPPYの種

「たんこぶ」のように気に障る人は「魂の友」。大切なことに気づかせてくれる存在かも

仕事で必要なやりとりだけで、つかず離れずの距離をキープ。また、自分が他人にとって「目の上のたんこぶ」的な存在になっていないかも考えてみましょう。

このまま今の仕事を続けていいのか悩んでいる人へ

はぴきゃり DATA

新卒入社した会社を「辞めたい」と思ったことはありますか？

ある **113人**　ない **47人**

「辞めたい」と思ったのは何年目？

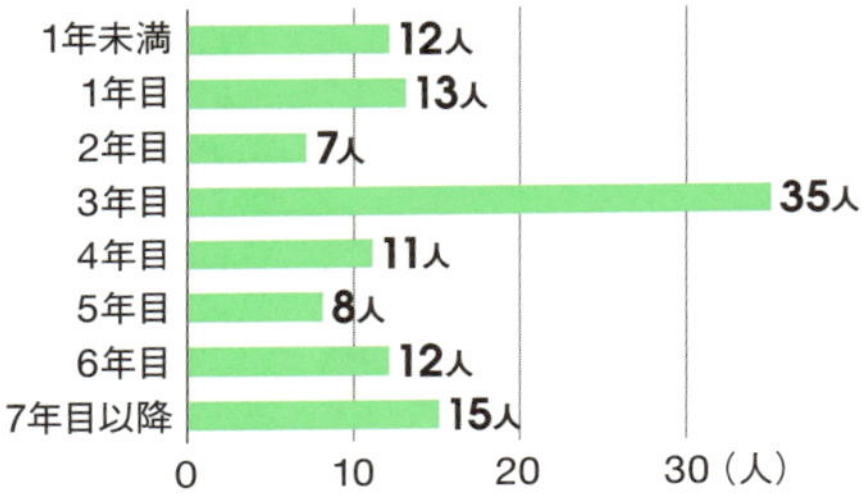
1年未満 12人
1年目 13人
2年目 7人
3年目 35人
4年目 11人
5年目 8人
6年目 12人
7年目以降 15人
0
10
20
30（人）

最多は3年目。その後減少して、6年目以降は再び増加というように、2～3年のサイクルで仕事を辞めたいと考えるようになる傾向がみられます。

就職して3～4年くらいたつと、仕事や職場の環境に慣れて「マンネリ」を感じつつ、仕事は頑張っているのに周囲からほめられる機会が減ります。また、仕事を任されてやりがいを感じる一方で、新人の頃とは違う不安や不満が生じてくることもあります。

でも、ほめてくれない、仕事を任される、というのは、周囲があなたを「一人前」だと認めているからとも考えられるのです。そんなときの「困った！」「できない！」は、あなたを一段上に押し上げる糧になります。

「今すぐにでも会社を辞めたい！」と思う理由はどこにあるのでしょう。仕事の内容、人間関係、それとも収入？ それをハッキリさせれば、このままキャリアを重ねていくために、あるいは、環境や職種を変えて出直すために「やるべきこと」が見えてきます。

不安や不満がいっぱいの「現実」とこうありたいと思う「理想」を知るためにおすすめするのが、次のページで紹介する「五角形のワーク」。2～3ヵ月を目安に、「現実」と「理想」のギャップを埋めることに取り組んでみましょう。

目の前の出来事に白黒つけない まず「現実」を「理想」に近づけよう！

五角形のワークで「現実」と「理想」を目で見える形にする

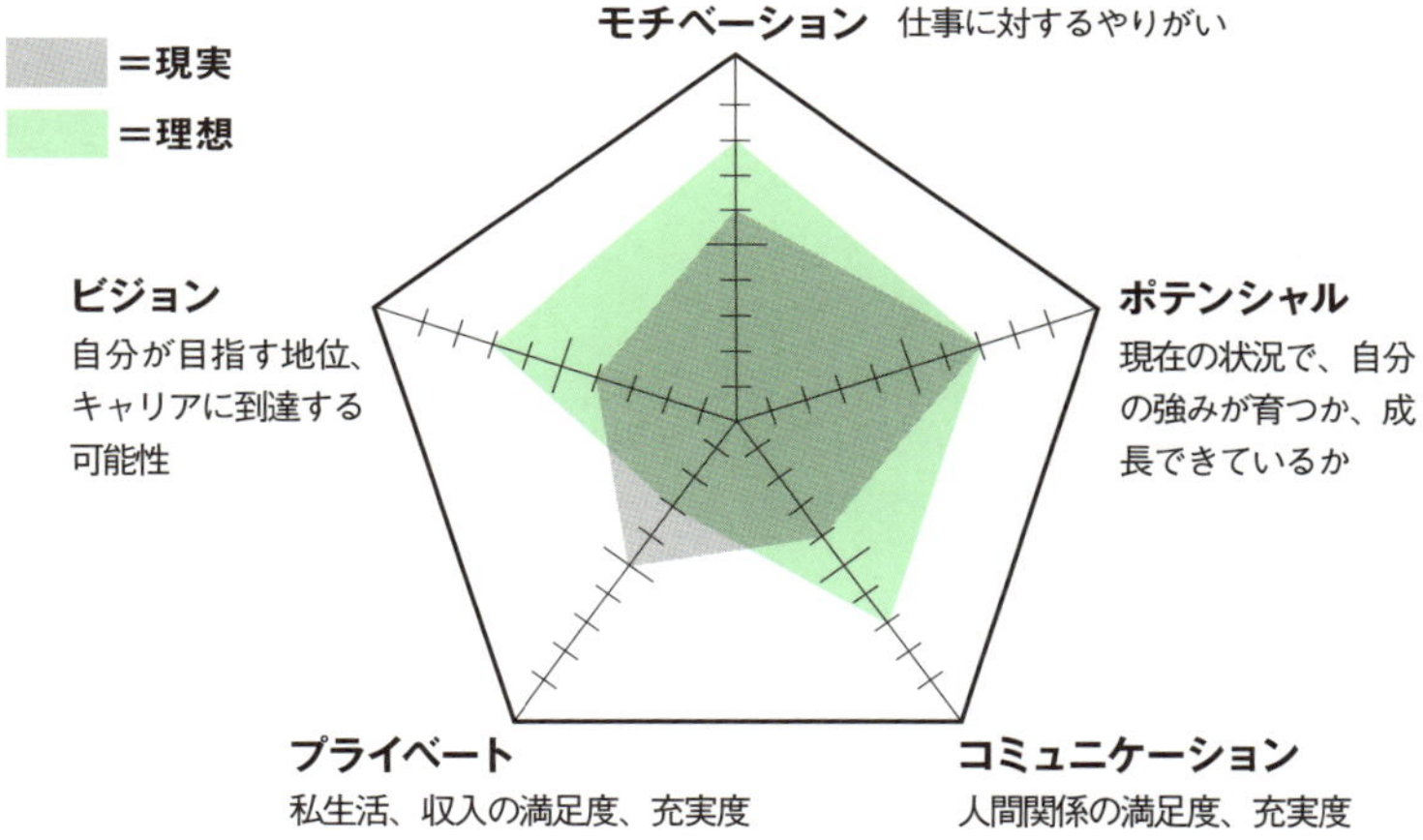

現実=現在の状況　理想=こうありたいと思う状況

- ［モチベーション］［ポテンシャル］［ビジョン］［プライベート］［コミュニケーション］の5つの項目を、それぞれ10段階で評価する。
- 定期的に評価して、仕事のやり方、人付き合いなどを見直して「理想」の五角形に近づける。期間は3ヵ月が目安、長くても6ヵ月以内に評価の見直しをする。

何がわかる？　上の例でいえば、現実＞理想の［プライベート］は現時点では気になる問題ではなく、私生活や収入面の充実度はこのままでも、不満や不安を感じている、現実＜理想の［モチベーション］［ビジョン］［コミュニケーション］で改善ができて評価が上がれば「理想」の状況に近づく。

HAPPYの種

自分の「理想」は意外とわかっていないもの。ワークで「理想」と「現実」を見える化しよう

5つの項目で「理想」と「現実」のギャップがわかれば、自分の今取り組むべきことが見えてきます。それを一つ一つクリアにしていくことで状況はどんどん変わっていきます。

いつもユーウツで気分が晴れない。これって仕事のせい?

HAPPYのツボ あくび・ストレス・笑いは、同じ空間にいる人から人へと伝染する

周囲にストレスを撒き散らす人がいると、共感力の強い人ほど同調してストレスを抱えてしまいやすい。

あくびとストレスと笑いは、人から人へと伝染するものだそうです。

これには、感情を処理する脳の部位が関わっているので、もらい泣きしやすい人、感情移入しやすい人は、とくに伝染しやすいとか。つまり、「共感力」に優れているわけで喜ぶべきことですが、ストレスの〝共感〟は御免こうむりたいですね。

ストレスを撒き散らす人に囲まれていると大変。自分に関係がないうちはいいけれど、ストレス連鎖にはまってしまうと、健康面にも悪影響が出てきます。

では、どうすればストレス連鎖から「一抜けた!」ができるのか? それは、「笑い」を使うこと。

何か「楽しいこと」をやってみましょう。また、その場で鏡を見て、自分に笑いかけるだけでもOK。脳がかん違いして楽しい気分になれる効果も。それでも無理! なら、お子さんやペットのこと、ぷっと吹き出しちゃうような出来事を思い出すのもいいでしょう。「笑い」は脳の緊張をほぐし、気持ちにゆとりが生まれます。

ストレス連鎖は「笑顔」で断ち切る！

鏡に映る自分の表情を確認。「笑顔」になると気持ちも変わる

小さな鏡をデスクに置くか、引き出しに入れておいて、イライラしたり、怒りが湧いてきたりしたら、自分の表情をチェック。鏡を見ると、自分を客観視できます。「笑顔」になれば、眉間のシワと一緒にイライラや怒りの感情が消えて、気持ちに余裕が出てきます。

HAPPYの種

ストレス解消・体調管理もまず「笑顔」から

「最近笑顔が少なくなったな……」と感じるようなら、ストレス連鎖にはまっているのかも。オフィスでの人間関係が原因であれば、仕事とは関係ない人や場所、あるいはスポーツでも習い事でも、楽しいことで「笑顔」を取り戻しましょう。

人間関係に行き詰まったら「第三の顔」でアップデート

HAPPYのツボ

「成長・リフレッシュ・出会い」趣味は一石三鳥

社会に出ると、新しい出会いはあっても、フラットな関係で付き合えるのは学生時代までの友だちがほとんど。でも、趣味つながりの人とは、出会ってすぐに、何のしがらみもなく、自分も相手も本音で付き合えるから不思議です。

サンバチーム、茶道、ランニングサークル、油絵……、増え続ける趣味の世界は、私にとって大切な第三のコミュニティー（居所）。それぞれの場所で、素の自分ではない、情熱的なダンサーだったり、楚々とした茶道家だったりと〝第三の顔〟を持っています。

仕事と趣味とでは、使う脳の領域が違うのでしょう。仕事以外に上達したいという目標ができると、映画やスポーツ観戦で息抜きするのとは比べものにならないほどリフレッシュできるのです。

仕事に役立つ習い事も悪くないけれど、せっかくなら〝第三のコミュニティー〟〝第三の顔〟を持てることをはじめてみませんか？

何のしがらみもないからこそ、素の自分を見せられる。案外、趣味を通して仕事の誘いがあったなんてことも少なくありません。

仕事でもプライベートでもない、第三の顔・コミュニティーを持とう

運命の出会いは、仕事も趣味も「とことん楽しむ人」のところにやってくる！

趣味を持つことのメリット

1 ストレス解消&リフレッシュ

趣味に没頭している時間は、日常の忙しさから解放されてストレス発散。自分の好きなことに夢中で取り組んでいると、気分もリフレッシュできます。
最初はうまくできなくても、徐々に上達していくと達成感が得られ、楽しさが増していくでしょう。

2 時間管理がうまくなる

仕事の後に趣味の予定が入るため、素早く効率よく仕事を片付けられるようになり、残業が減ったという人が多くいるようです。

3 人間関係が広がる

職業や世代、性別も越えてそれまで全く関わりのなかった人との出会いがあります。同じ趣味を持つ人は価値観も近く、すぐ仲よくなれて人間関係がぐんと広がり、お互いの仕事にも役立つ可能性あり！

4 会話の幅が広がる

趣味に関することに詳しくなり、会話の引き出しが増えます。趣味として楽しむうちに、その道を極めて好きなことが仕事になることも。

HAPPYの種

趣味の世界でハッピーキャリアをつかむ人もいる

ミスは少ないが進歩もない……私って成長止まった？

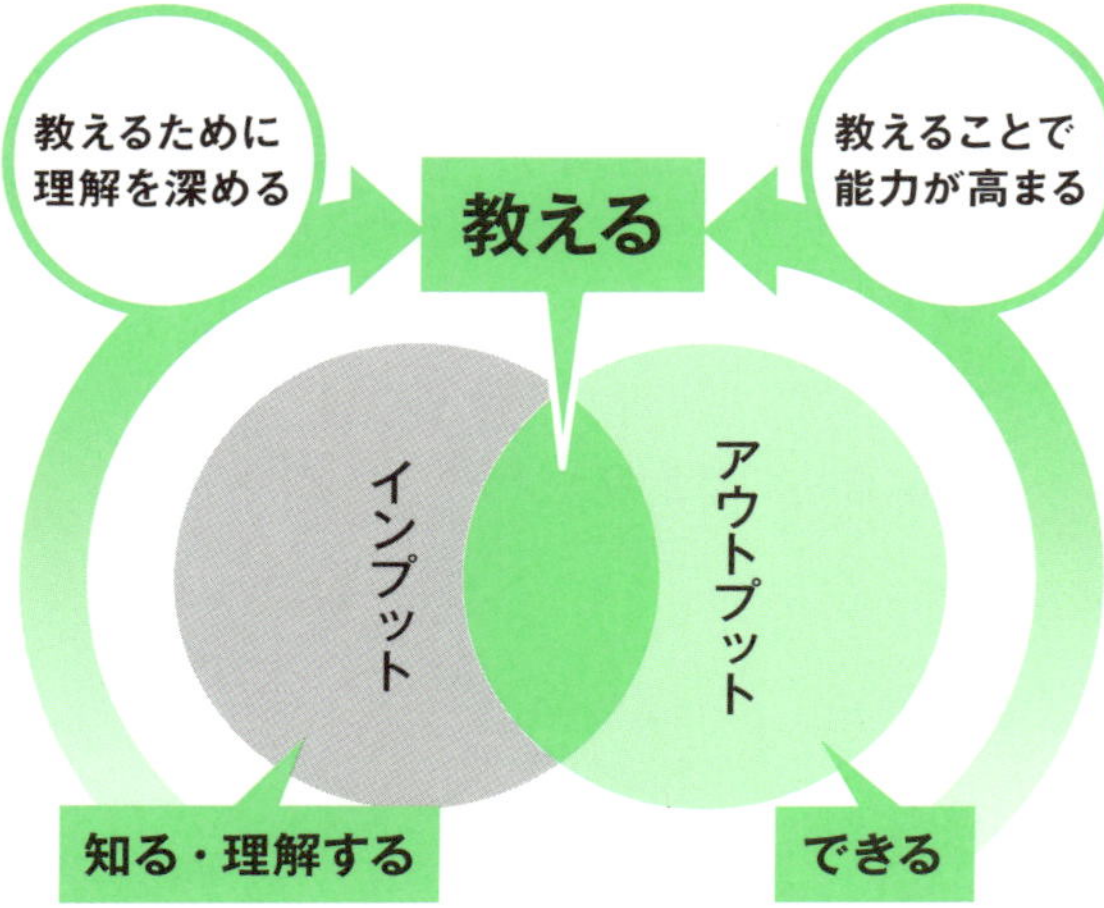

入社して数年、周囲に頼られるようになる一方で、後輩ができて甘えや失敗が許されなくなります。上と下との板挟みでなにかと心労が多いなか、仕事量は増え、さらに成果も求められる……。

仕事はなんなくこなせるし、後輩からアドバイスを求められれば答えることもできる。仕事を続けることに迷いを感じるのは、そんなとき。マンネリが不満なのに、新しいことや大きなことにチャレンジする気にもなれないのです。

成長が止まったように感じるかもしれませんが、ご安心を。それは、あなたが、自分の能力を把握できていないだけ、自分で作った枠に閉じこもっているのです。

この枠を越える簡単かつ有効な方法は、誰かに「教える」こと。教えることで見えていなかった仕事の側面が見えたり、効率化のアイデアに気づいたりすることも。

新人の指導担当や後輩のアドバイス役に立候補するなど、「教える」機会は見つかります。また、OA機器の操作やアプリの使い方といった自分の得意なことを「私がレクチャーしましょうか」と申し出るのもいい方法です。

人に「教える」と実は自分が一番成長できる

こんなことも「教える」と喜んでもらえる！

間違えてしまいがちなビジネスマナー

ビジネスマナーは、会社の研修ですべて教えてくれるとは限りません。郵便の宛名の書き方、名刺の受け渡しなど、経験を通して身についた気遣いや正しいマナーを教えてあげましょう。

PCやスマホのアプリ、OA機器の便利な使い方

頻繁に機能が変わるアプリやOA機器の使い方は、世代に関係なく苦手な人が多いもの。お互いが学び、教え合うことで成長し、人間関係もよりスムーズになります。

HAPPYの種

人の役に立ち、自分自身の仕事への意欲、スキルも高められる

何をやりたいのか自分でもわからない！

HAPPYのツボ

「やらなくちゃ思考」がしみつくと「やりたいこと」がわからなくなる

「やらなくちゃ」ということはたくさん思い浮かぶのに「やりたいこと」は思いつかない。考えてみれば、子どもの頃から「やらなくちゃ」ばかりだった……

転職の〝ご縁つなぎ〟が、スパッと気持ちよくまとまると「よくやった！」と自分をほめてあげたくなります。

でも、私はほんの少し手助けしただけ。マッチング成功の真の立て役者は、明確な意志を持って転職に挑戦した人なのです。

チャンスをものにする人には共通点があります。それは〝自分らしい選択基準〟を持っていること。私たちは、何かを選択するとき、知らず知らずのうちに人の評価に左右されがちです。人の評価を基準に従うほうがなんとなく安心。ところが、選んでみると「なんか違う……」なんてことになってしまうのです。

「人気があるから」「カッコよく思われたいから」というのは、選択基準の1つにはなっても、「これだけは譲れない！」と思うほどではないはず。転職に限らず、これだけは「譲れない！」ポイントがはっきりしていれば判断に迷いが生じません。それは、あなたが何かを判断する際に不可欠なもの。まずは、自分の〝譲れない〟について考えてみては？

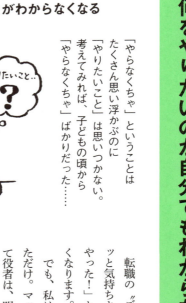

絶対に譲れない自分らしい選択基準、「自分軸」を持つ！

あなたにとって何が大切かを考えることからスタートしましょう

「なりたい動物」で自分らしさ、大切にしていることがわかる！

「なりたい動物」を１つ選んで、選んだ理由やその動物に対するイメージ、なぜ好きなのかなどを３つ書き出します。

なりたい動物 →  **雌ライオン**

	Aさん	Bさん
選んだ理由１	強さ、群れをつくる	捕食されにくい
選んだ理由２	誇り高い、助け合う	かかあ天下
選んだ理由３	カッコいい、頼もしい	役割分担が明確
選んだ動物が同じでも理由は人それぞれ。書き出した言葉から、あなたが人生で大切にしている「キーワード」が見つかります。	人間関係、チーワークを大切にし、人のために役立つことに喜びを感じる。	目的重視。マイペースを守りたい。自力で切り開いていくことで達成感を得る。

HAPPYの種

尊敬する人物の尊敬できるポイントを考えることから、「自分軸」をつかもう

「なぜその人なのか」の考察を深めていくことで、自分の価値観や強みも明確になって「自分軸」が見えてきます。それは、あなたが絶対に譲れない選択基準。「やりたいこと」に挑戦するエネルギーが湧き、あなたに喜びを与え、動機づけし続けてくれるのです。

人付き合いが苦手でも人脈は広げられる？

はぴきゃりDATA

あなたが成長するために人脈作りの必要性を感じますか？

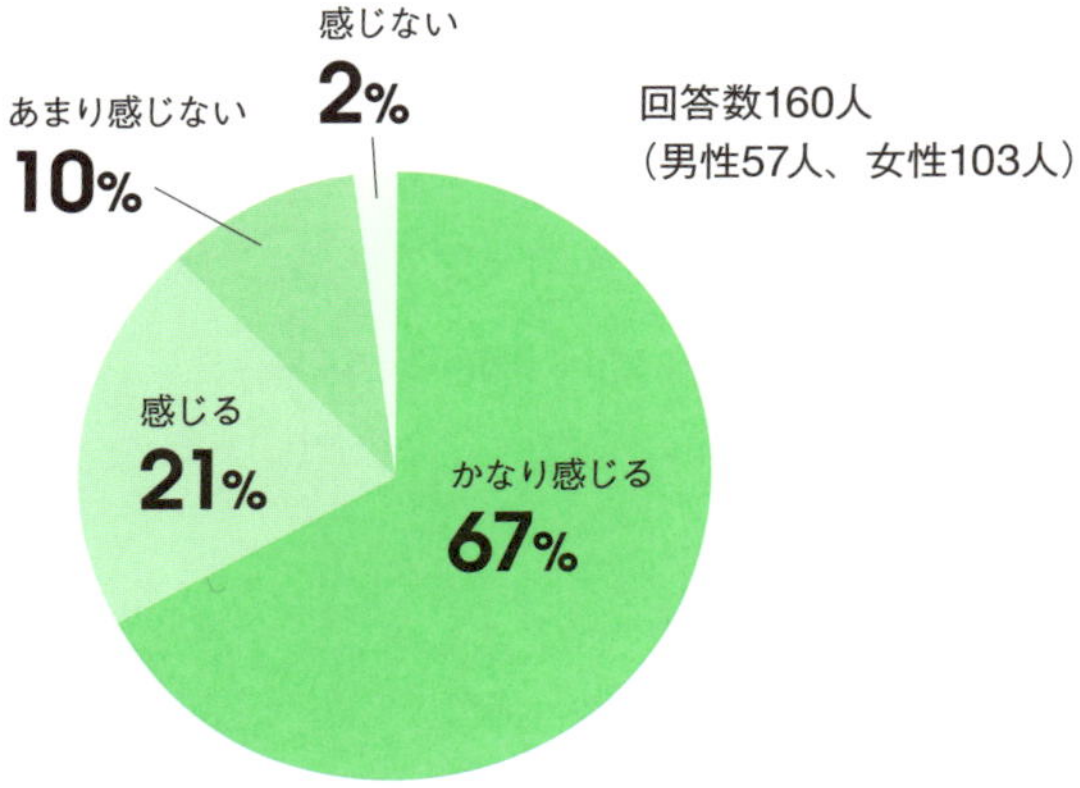
感じない
2%
回答数160人
（男性57人、女性103人）
あまり感じない
10%
感じる
21%
かなり感じる
67%

仕事の面では、知り合いがたくさんいたほうがいいのは確かですが、それは、人脈というよりも「仕事で必要な人間関係」です。

人付き合いが苦手でも、「仕事で必要な人間関係」を広げるのは難しいことではありません。異業種交流会に参加すれば、名刺はたくさん集まり、新しい知り合いが増えます。

でも、それは、あなたが望んでいる「人脈」なのでしょうか。

ここでいう「人脈」とは、あなたの人生を豊かにしてくれる人とのつながり。お互いに人間としての魅力を感じ、仕事上のメリットなど利己の前に、自分が相手に何ができるかという「利他」があるのがポイントです。

しかし、そういう関係を築くには、相手を知るために時間がかかるもの。人脈は広いほどいいわけでもありません。新しい知り合いを増やすことより、身近な「人脈」に目を向けてみましょう。

大切にしたいのは、同じ会社で働く仲間であるという〝ご縁〟。まず、今の人間関係のなかで、あなたに何ができるかを考え、社内人脈を育てていきましょう。

人付き合いが苦手な人ほど今ある人間関係を大切に！

人脈は〝ご縁〟。「作る」というより「育てる」ものです

社内人脈を広げる3つのポイント

1　仕事のつながりを意識。好き・嫌いだけで判断しない

苦手な人でも「タテ」つながりの相手には敬意を示し、ふだんは友だち感覚で付き合える同僚や後輩に対しても、仕事のつながりをきちんと意識して。

2　社内イベントに参加するなど、自分から一歩踏み出す

仕事を通じてのみならず、社内のイベントやランチタイムなども利用。自分を知ってもらう機会をたくさん作りましょう。

3　できることをサポート。でも、見返りは求めない

困っている人がいたら積極的に手を差し伸べて。ただし「見返り」を当てにしたサポートでは信頼関係は築けません。

HAPPYの種

〝ご縁〟を大切にする人は人脈が広がり、〝ご縁〟に助けられる

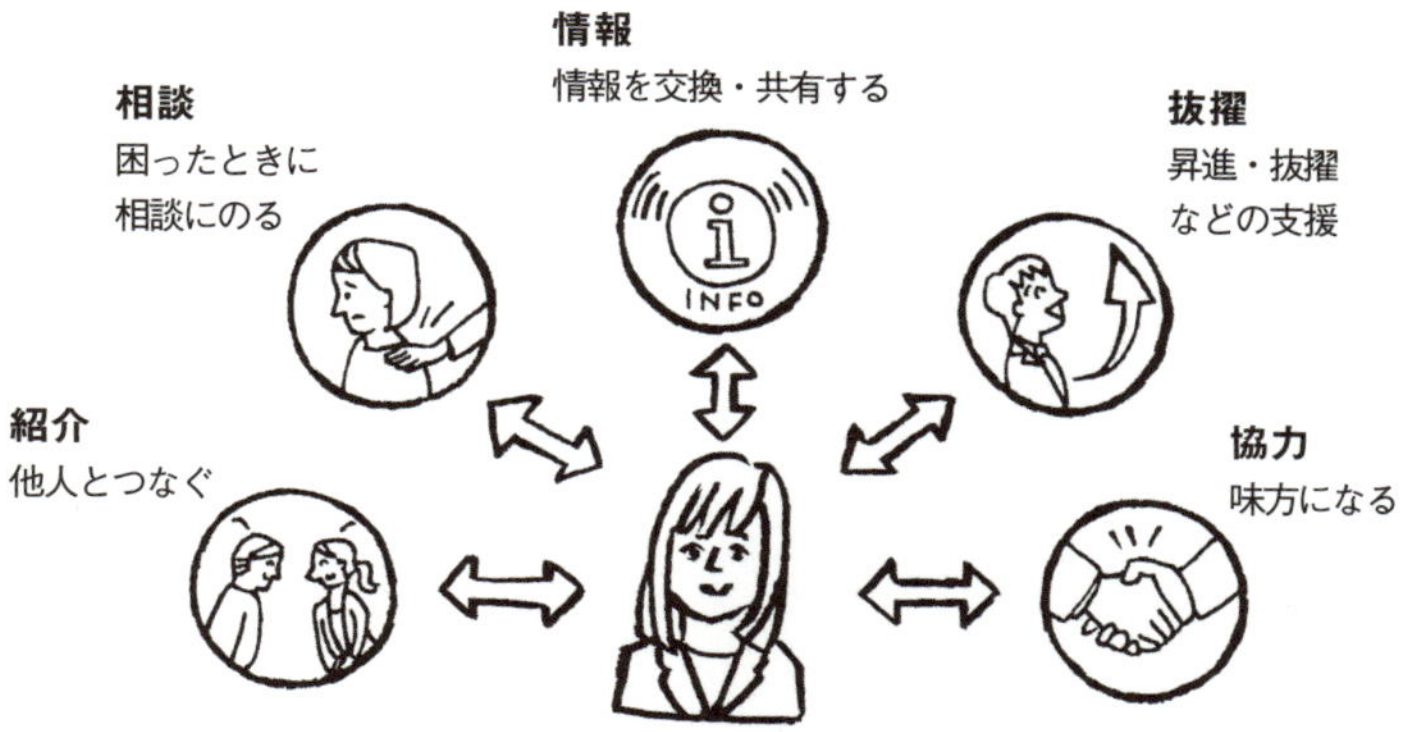

つながった人と、助け・助けられる関係のなかで人脈は広がっていきます。

仕事に自信が持てないし、楽しくない!

はぴきゃりDATA

転職を経験していますか？

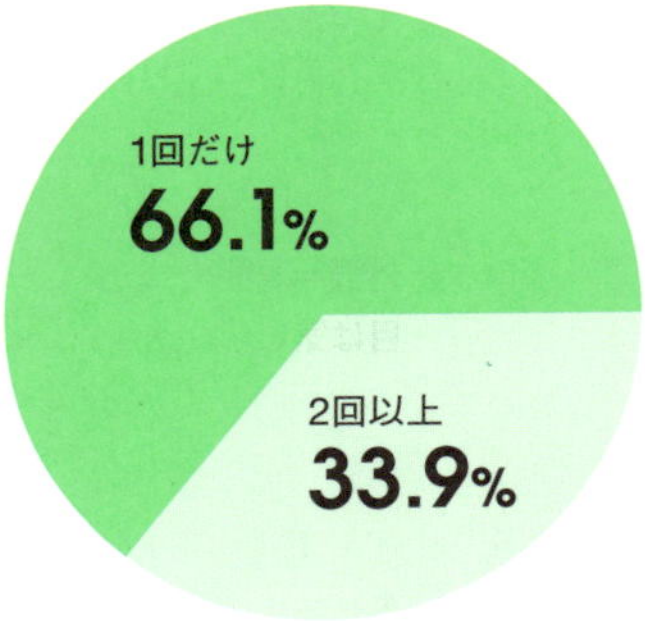

転職経験が「ある」と回答した人（112/160人）のうち、38人が2回以上の転職を経験。最初の転職から次の転職までの在籍年数は、1年未満が最多でした。

与えられたこと、自分の担当として決まった仕事をしていれば、誰も文句は言いません。

でも、枠を飛び越えて仕事をすることの楽しさ、充実感はいつまでたってもわからないでしょう。

その楽しさ、充実感は、単なる「自己満足」かもしれません。

むしろ他人から評価されることを目的にすると疲れるだけ。困っている同僚を見て、ちょっと無理をして自分の枠を越えて手伝った。その対価は相手の笑顔。「手伝ってよかった、うれしい」と感じたら、それで十分です。

自分がめいっぱい楽しめれば、誰が見ていようが見ていまいがストレスになりません。

誰も他人のことはあまり見ていないもの。でも、本気で楽しんでいると、不思議とだんだん注目されるんです。

私の仕事はここまで! と枠を決めてしまうのは、自ら仕事をつまらなくしているようなものです。「それって私の仕事?」と感じても、自分自身に挑戦するつもりで〝枠〟から1歩、2歩と踏み出していくうちに、仕事の〝ストライクゾーン〟が広がっていきます。

仕事のストライクゾーンを広げよう

「枠」を決めずに仕事をめいっぱい楽しんでみましょう

仕事の枠を越えるって？

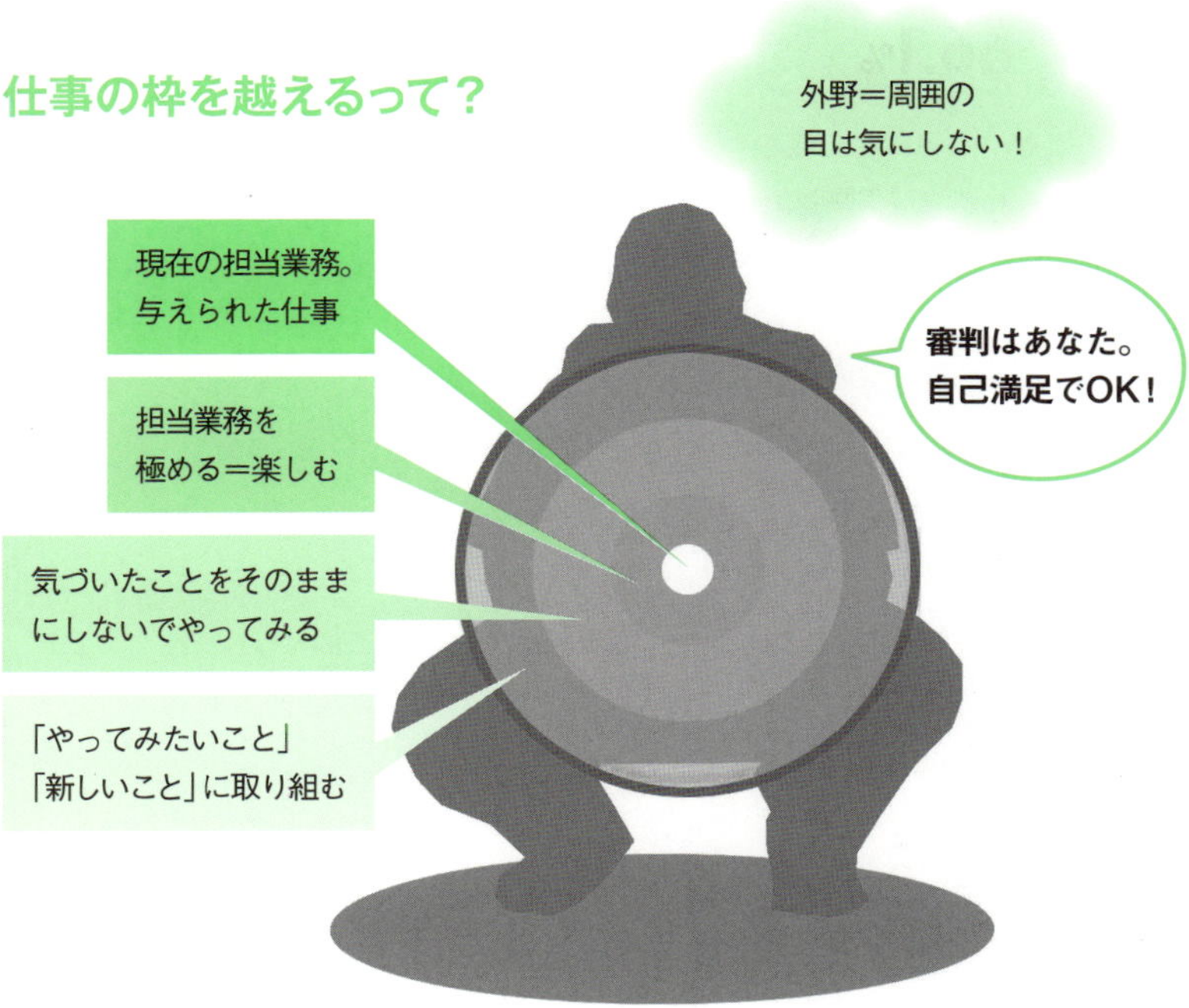

外野＝周囲の
目は気にしない！
現在の担当業務。
与えられた仕事
担当業務を
極める＝楽しむ
気づいたことをそのまま
にしないでやってみる
「やってみたいこと」
「新しいこと」に取り組む
審判はあなた。
自己満足でOK！

HAPPYの種

仕事を楽しんでいる人は注目される！

具体的に何をしたらいいのかわからない人は、まず今担当していることで「ストライクゾーン」を広げてみましょう。早く無駄なくコピーを取る、誰でもすぐわかるファイリングを工夫する……自己満足できる方法はいくらでもあるものです。

はっぴい
COLUMN

価値観の違う人に怒りを感じる理由は？

自分の価値観を「外す」と人生の可能性が広がる

過去の栄光や今の自分の地位など、何かにしがみついているように見える人に対して「私とは違うなぁ」と思うことがあります。

でも、それは私の価値観であり、とやかく言う権利は私にはありません。それこそ「余計なお世話」なんです。

自分と他人は違う、とわかっていても、つい自分の価値観を人に押し付けたくなることもありますよね。口に出して言わないまでも、心の中ではかなり批判的。イラッときたり、ムカムカしたり……。

でも、その「ムカムカ」の中身は、怒りよりも羨望が半分以上。自分が「やりたいけどできない」あるいは「してはいけない」と思っていることを、軽々とする人に対して込み上げてくる感情です。

私は、今がその時と感じたら、誰に言われなくても散りゆくべき！　という考え方なのですが、自分が持つ価値観がきちんと整理できていると、見方も、受け取り方も違ってきます。

「ムカムカ」の根源が自分の価値観によると認識すれば、怒りのレベルはスッと下がります。加えて、自分の価値観を時には「外してみる」ことも大事。「バラは美しく散る」を身上としている私ですが、何かの分野であえてピークを越えても留まり続けるという選択をすることで、これまでとは違った結果が得られることもあります。小さな野バラが大輪のバラになるように、人生の可能性は広がっていくでしょう。

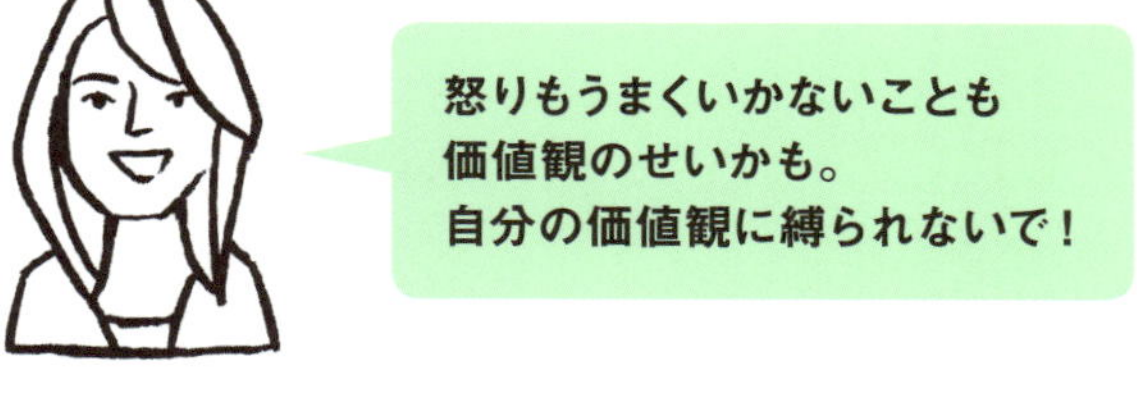
怒りもうまくいかないことも
価値観のせいかも。
自分の価値観に縛られないで！

PART 2

人間関係の「困った！」を解決するコツ

仕事の悩みとして常に上位にあがるのが
「人間関係」。円滑な人間関係を構築する
ちょっとしたコツをご紹介しましょう。

上司への「報・連・相」をつい忘れてしまう

管理職にとって人材育成も仕事のうち。部下に仕事を任せた上司は心中、ハラハラ、ドキドキしています。

そこで、「報・連・相」で部下に任せた仕事の進行状況を把握し、リスクに備えているのです。

また、状況をきちんと伝えることで、上司から指示やアドバイスがもらえ部下も仕事をスムーズに進められます。

それゆえ社会人の基本と称される「報・連・相」ですが、上司と部下の感覚の違いで、うまく機能していないこともあります。

たとえば、できるだけ丁寧にと心がける部下、それを「回りくどい」と受け取る上司。逆に、ある程度の経験を積んだ部下の場合は何かトラブルがあったら相談すればいいと考え、上司は状況を把握できず不安になることもあるでしょう。

これを相性といってはそれまで。報告をあげるたびに話の長い〝ネチネチ上司〟でも、「あとはよろしくね」ですませる〝放任上司〟でも、「報・連・相」を怠ればいずれ困るのはあなた自身です。

HAPPYのツボ

「報・連・相」はあなたを守るセーフティネットでもある！

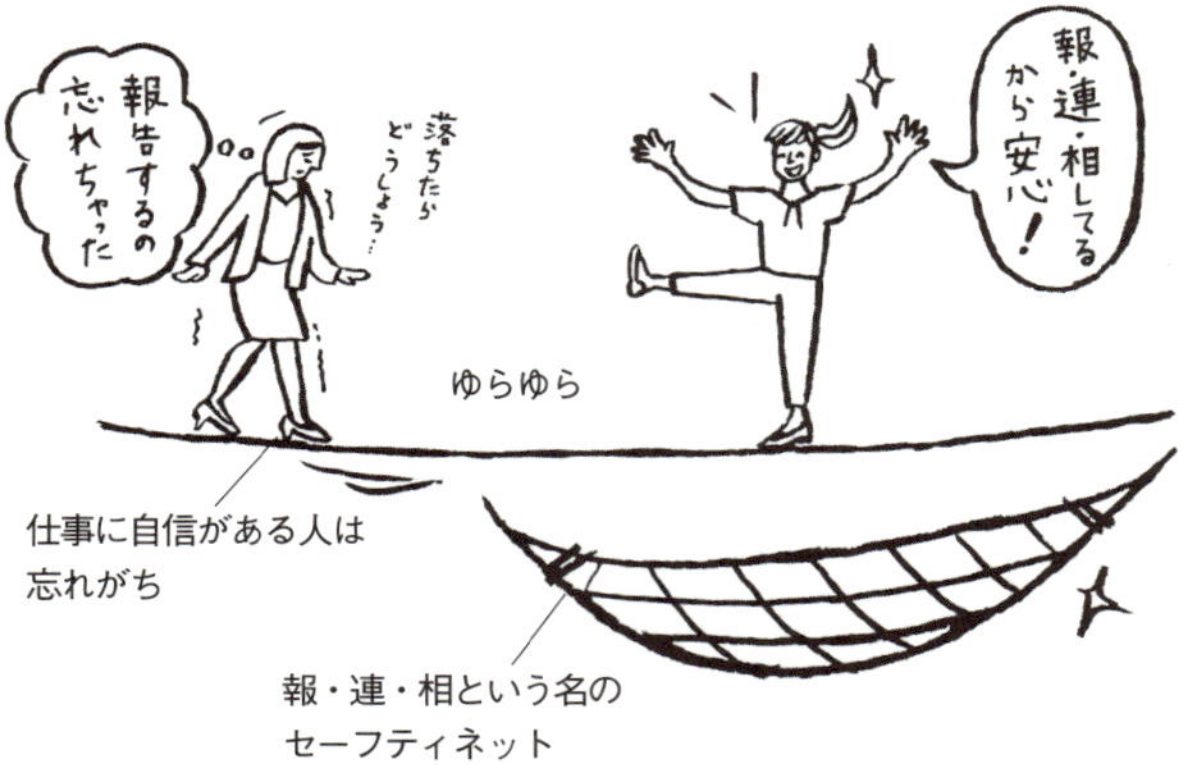
報告するの忘れちゃった
落ちたらどうしよう…
報・連・相してるから安心！
ゆらゆら
仕事に自信がある人は忘れがち
報・連・相という名のセーフティネット

「報・連・相」の積み重ねは やがて大きな信頼に育ちます

上司に催促されない「報・連・相」はタイミングと正確性が大事！

私と上司それぞれの事情　「報・連・相」あるある

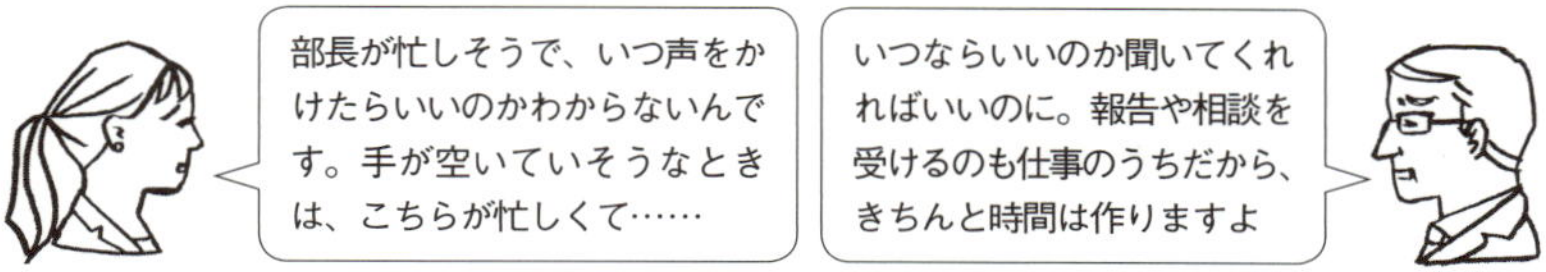
部長が忙しそうで、いつ声をかけたらいいのかわからないんです。手が空いていそうなときは、こちらが忙しくて……
いつならいいのか聞いてくれればいいのに。報告や相談を受けるのも仕事のうちだから、きちんと時間は作りますよ

上司のデスクまで足を運び、「今、お時間よろしいですか？」と先に都合を聞きましょう。本当に忙しくて時間がなければ「〇分後に」といった返事をもらえるはず。急ぎの用件の場合は、簡潔に事情を話せば、その場でアドバイスをくれるなど何かしら対応してくれます。

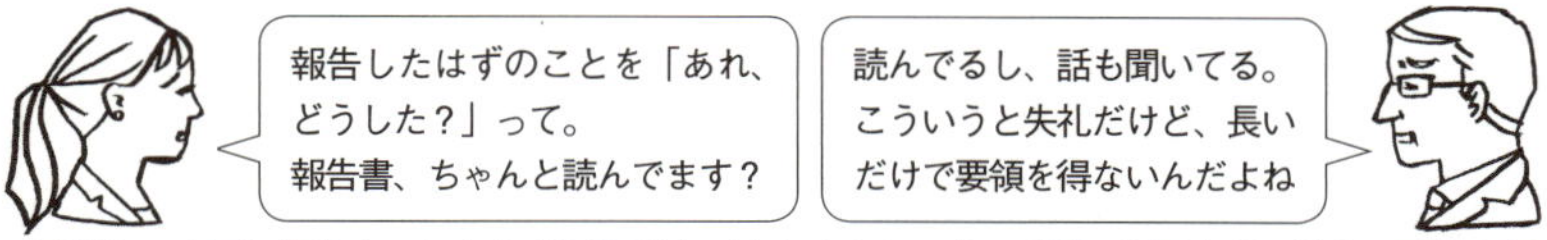
報告したはずのことを「あれ、どうした？」って。報告書、ちゃんと読んでます？
読んでるし、話も聞いてる。こういうと失礼だけど、長いだけで要領を得ないんだよね

事前に、上司に伝えたいことを「5W3H」でまとめましょう。時間、数量などの数字、固有名詞は正確に。口頭で伝える際は、最初に要点を述べること。

「報・連・相」の5W3H

When　いつ	打ち合わせ日、納期	Where　どこで	待ち合わせ場所、会場
Who　誰が	会社の担当者、顧客	What　何を	仕事の内容
Why　なぜ	仕事の目的、理由	How　どのように	仕事の手段、方法
How Many　いくつ	人数、個数	How Much　いくら	費用

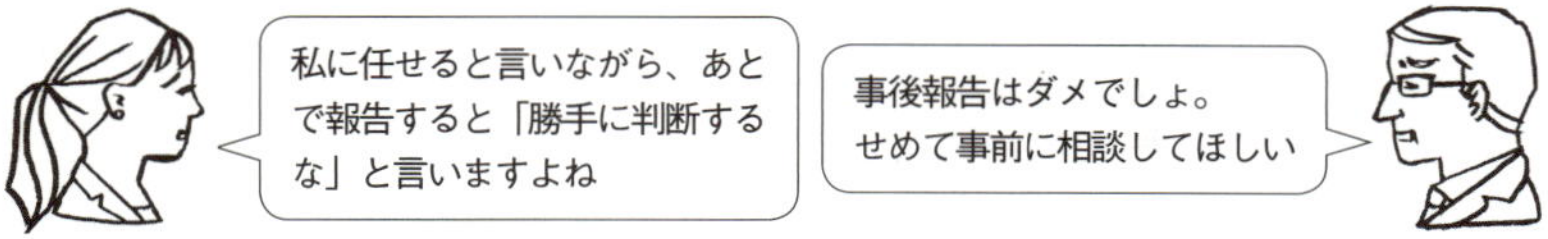
私に任せると言いながら、あとで報告すると「勝手に判断するな」と言いますよね
事後報告はダメでしょ。せめて事前に相談してほしい

人は、自分に何でも話し、頼ってくれる人をかわいいと思うもの。とくに直属の上司には、よいことも悪いことも「報・連・相」を欠かさないように心がけましょう。どんなに些細なことでも「自己判断」には、何かあったときに責任を問われるリスクが伴うのも忘れずに！

自分の仕事を整理して、まとめる「報・連・相」は自分のためにある！

トラブル発生時に上司の〝責任逃れ〟から守ってくれるのも「報・連・相」。事実と違うことで責められても、報告書という〝エビデンス〟を突きつけることができます。

反りが合わない上司、苦手な同僚とうまく付き合えない！

上司と反りが合わないと、毎日がなんだかユーウツですよね。「上司なのになんで仕事ができないの？」「みんなは困ってないし、私だけが嫌われている？」なんて気持ちがあると、上司への苦手意識はストレスになるだけです。

まずは、相手に対してマイナスの感情を持っていることを認めましょう。誰にでも欠点はあるし、苦手な人や嫌いな人がいるのは仕方のないことです。

欠点があるのはお互い様だと思ってもやっぱり苦手。上司のいいところを見ようと努力したものの、かえって欠点ばかりが際立って感じる。ここまで来たら、もう自分が辞めるしかない？

それはあまりに早計です。自分が築いてきたものを手放す前に、もうひと踏ん張り。苦手な上司をうまくコントロールする方法はあるのです。

そもそも、上司や同僚に対する苦手意識は、あなたの「仲良くしなければならない」という気持ちからくるもの。仲よしになるのではなく、うまく付き合える方法を考えてみましょう。

リアル VOICE

苦手意識がある、近づきたくないと感じるのはどんな人？

苦手、近づきたくない人ワースト3（アンケートの回答より）

❶ いつも同じような内容の話をくり返す人

相手に対する理解が深まらない！

❷ 仕事のことにしか関心のない人

視野が狭い、話していても面白くない！

❸ 相手の話を聞き入れない人

一方的で話し合う意味がない！

苦手な相手は「猛獣」にたとえてみる 嫌いな人には可愛いニックネームを

“猛獣使い”になって相手を気持ちよくしてあげよう！

たくさんの上司と向き合ってきた経験に基づいて、「ゾウ」「トラ」「ライオン」の3タイプに分けました。まずは観察、なんとなくでもタイプがわかってきたら、あなたは「猛獣使い」になったつもりで、ゾウやトラ、ライオンをてなずけるのです。

ゾウ　仲間との共存共栄を好む

仲間との信頼関係を大切にします。義理堅く、人情家ですが、身内意識のない相手には無関心で、冷淡な態度をとることも。

くすぐりのツボ　「あなたしかいない！」と頼られ、信頼されること

笑顔で親しみをこめて、なぜそれをやるのか、理由や必要性を懇切丁寧に説明され、意気に感じるとやる気が出ます。共感し合いたいので、話を聞いてもらえなかったり、プロセスを評価してもらえないとやる気が下がります。

トラ　単独行動を好む孤高の猛者

夢や目標に向かって、自分の頑張りで結果を出すことを好むタイプ。切磋琢磨できるライバルがいること、他者に縛られず自分のペースでできる環境を大切にします。

くすぐりのツボ　世の中の役に立つ人だと感じさせること

何かを伝えるときは、目を見て、ハッキリと直球で要請すること。またそれが自分にメリットがあるとわかれば俄然やる気に。ただし、ペースを乱されると一気にやる気が下がります。

ライオン　カリスマ性のあるサバンナの王者

地位やパワーを手に入れることを目指すタイプです。「思い立ったが吉日」で、すぐに行動し、結果を出したいので、資格の有無や組織、大物の人脈などを重視します。

くすぐりのツボ　一目置かれていると感じさせること

直感が鋭く、ピンとくるかどうかが大事なので、伝えたいことをピンポイントで、身振り手振りを交え、メリハリのある声で感情をこめて伝えましょう。察しがいいので、だらだらと長話をされると嫌になります。また、「こうしてください」「こうするべきです」などと型にはめられるとやる気が下がります。

HAPPYの種

苦手な人には可愛いニックネームをつけて、心の中でそっと呼んでみる方法もおすすめ

私って嫌味？　そんなつもりはないのに……

「効率的ですね」と言われたらどう感じますか？

「うれしい」と感じる人も、「うれしくない」と感じる人もいます。

考え方は人それぞれですから、受け取り方も違って当然。でも、自分がうれしいなら、他人にもほめ言葉として使うでしょう。

ところが、相手が「あまりうれしくない」と感じる人だったら……。ほめ言葉どころか嫌味や皮肉と受け取るかもしれません。

あなたは、心の底からほめているのに、相手は、プイッと横を向いたり、嫌味や皮肉で応酬したり……。どちらも、相手の言動が期待通りでないことに苛立ちます。

でも、「自分と他人は違う」というスタンスでいれば、ほめ言葉と受け取られなかったことが理解できるはず。そのうえで、自分にこう問いかけてみましょう。

「それは自分の問題？」

いいえ、受け取った側の問題です。あなたが、言葉を選んだり、接し方を変えても、相手は変わりません。そんなことに大切な時間を割くのはモッタイナイ！　そういう考え方もあるのかと、気にしすぎないことも大切です。

HAPPYのツボ　いいことを言えば相手が喜ぶ、とは限らない

本人が納得していないと「ほめ言葉」と受け取ってもらえないことがあります。でも、そう思った理由をしっかり伝えれば、言われた人自身も気づかなかった、うれしい「ほめ言葉」になります。

「それは自分の問題？」考え方が違えば受け取り方も違う

世の中にはどうやってもわかり合えない人がいるのも事実です

他人の言葉に振り回されると自分が疲れるだけ！

入社5年目、「おみやげ」で悩む山田一郎の場合

前の部署では、旅行や出張をした人からの「おみやげ」をみんな楽しみにしていました。それが「常識」と思っていたのですが、新しい部署では迷惑がられている様子なので、「おみやげ」は買ってこないことにしたのですが……。

HAPPYの種

考え方は人それぞれ、言葉を深読みしない。そういう考え方もあるんだなと受け止めよう！

どちらがいい・悪いではなく、一歩引いてみると単なる考え方の違いからくるすれ違いであることがよくあります。自分は言われてうれしいが相手もそうだとは限らない。その逆もあり！ です。相手の言葉をいちいち深読みしていては疲れるだけ。〝イラッ〞の原因は、単に自分と相手の「考え方の違い」だと気づけば、スーッと気が楽になるんです。

慣れた仕事でミス！　さすがにへこみます

HAPPYのツボ

**へこむのは一夜限り。
子どものようにポジティブに泣く！**

〝他人事〟で思いっきり
泣くのがポイント

意外なことに、新入社員より仕事に慣れている人、それも優秀な人ほど、ケアレスミスを犯す危険性が高いのだそうです。

仕事を頼まれたとき、経験があると説明不足でも、それを自らの頭で補って理解できます。ところが、それが時として「早とちり」や「思い込み」となって、ケアレスミスにつながってしまうのだとか。

だからといって「ミスが多いのは経験豊富な証拠！」なんて喜ばないで。うっかりだろうが、誰かの手抜きや嫌がらせからの巻き込まれ型だろうが、ミスはミスです。

人は誰でもミスをする。だからこそ、ミスに気づいたあとに何をするかがとても大切です。一番やってはいけないのは、ミスを隠すこと。ただちに上司に報告するのはもちろんですが、その際、言い訳や曖昧な表現でごまかすと、すぐに信用失墜という痛いブーメランになって返ってきます。

周りは、すべてを観察しています。つまり、失敗したあとも含めて評価されるのです。仕事に限らず失敗したあとの対応次第で、逆に味方が増えていきます。

落ち込むより先に報告と行動！それが将来の信用を左右する

「ピンチ」を「チャンス」にするのは「行動」。あなたにしかできません！

ミスをしたときに「するべきこと」と「してはいけないこと」

上司に報告　素早く、正確に状況を報告する

「結論から先に」が鉄則。キャリアを重ねるほど「自分でなんとかできる」と考えがちですが、ミスを報告するときは、正直であることが何よりも大切です。

謝罪する

社外の関係者に対しては言うまでもなく、上司への謝罪も欠かさずに！

頭を下げて心からの誠意を態度で示す

誠に申し訳ありませんでした

NG!　仕事の場面では不適切

すみませんでした／ごめんなさい

責任逃れをしない

ミスを認め、「私の責任です」と示すことが、信用回復への第一歩。

原因は何であれ、自分の誠意を示す

私の不手際で、ご迷惑おかけしました

NG!　“言い訳”は責任逃れに聞こえる

私は指示したんですが、
○○さんが連絡するのを忘れて……

なぜ○○に確認しなかったの？

速やかに指示に従う

気持ちを切り替えないと、別の仕事で失敗を続けてしまうという悪循環になります。

素早く行動！ ミスへの対応が最優先

承知しました

NG!　ダメな私を引きずるだけ

えっと、今すぐ、ですか？（今日は早く帰りたい……）

……という方向で先方とコンタクトしてください

失敗から学んだことを活かす方法を考えよう

過去の小さなミスを見逃していたことが、重大なミスにつながることもよくあります。ミスをきっかけに、反省をもとにミスを未然に防ぐ仕事の進め方を考えてみましょう。

HAPPYの種

他の人がミスしたら今度は自分が助ける側に！あなたの周りに味方がどんどん増えていく

ほめられてもとっさにうまく返せない

仕事あるある

お互いにうれしさが半減する〝ほめラリー〟に気をつけて！

ほめられたら、ほめ返せばいいというものではない。ほめ言葉の応酬はお互いに疲れるだけでうれしさが減っていく。

機嫌をとるために心にもないことを言うのはお世辞。いいな、凄いなと感じたときに自然と口から出てくるのが「ほめ言葉」です。

本当のほめ上手は、自分を大切にし、よいところがわかっている人だと私は思います。自分をほめることができる人は、他人のよいところも見ようとします。

誰かにほめられたとき、心の中に「私なんて……どうせお世辞でしょ」という言葉が浮かんだら、それで傷つくのは他でもない自分自身。同時に、ほめてくれた人の審美眼を見下していることにもなります。

たいていの人は、自分を過小評価してしまうもの。自分をほめるなんて、自意識過剰でカッコ悪いと考えがちです。

でも、その裏に「本当の私はもっと～」という気持ちがあると、逆にコンプレックスになることも。「ダメダメな私」オーラが出ていたら、人は集まってきません。

誰もほめてくれなくても自分がほめる！　この心意気があれば、他人のよいところもたくさん見つかって、心からのほめ言葉が出る〝ほめ上手〟になれるのです。

ほめ上手は自分を大切にする〝ほめられ上手〟

謙虚さは大切だけどほめ言葉は素直に受け取ろう

ほめられ上手になる3つのポイント

POINT 1　相手もうれしくなる対応をする

笑顔で「ありがとうございます」と言うだけでも十分。その後に、ほめられて「うれしい気持ち」を表現すると、なおよいでしょう。

ありがとうございます。とてもうれしいです

これはNG

- **拒絶型**　いいえ、そんなことないです！
- **自信過剰型**　そうですか（当たり前でしょ）

POINT 2　〝ほめ返し〟は無理にしない

相手をほめ返すのは別の機会に。本心ならともかく、その場で無理にほめたり、ほめ言葉の応酬になってしまうと、自分も相手もほめられたうれしさが薄くなってしまいます。

○○さんに**ほめてもらえるなんて**……

これはNG

- **ごますり型**　私なんてとても、○○ さんのほうが……
- **下剋上型**　（目上の人に）そこに気づくなんてさすがですね

POINT 3　ほめてくれたことに報いる

ほめ言葉であなた自身がよいところに気づくことは、相手にとってもうれしいこと。成果があったらぜひ伝えましょう。むやみな自慢は「うぬぼれ屋」に見えるので気をつけて。

おかげで私にも○○**できる自信が持てました**

これはNG

- **PR型**　（周囲の人に）部長にほめられちゃった
- **反抗型**　（自分の心の中で）ほめられたいわけじゃないし

HAPPYの種

素直に喜び、自分のよさに気づく人は、人のよいところも言葉に出せるほめ上手になれる

量もこなして成果も上げているのに評価されていない気がする

「何かを溜め込むと幸運を呼び込めない」というのは、機を見る「余裕」がないということ

ある企業の社長が次期役員を誰にするかで悩んでいるとします。

候補者は2人。1人は、部下のなかでも実績の高いAさん。意欲的ですが、いつも仕事を抱えすぎている様子です。

もう1人はBさん。個人の実績はAさんと同等ですが、部下に効率よく仕事を振り分け、フォローしながらチーム全体で目標達成を目指しています。

最終的に、社長が選んだのはBさんでした。

実は、これ、実話です。Aさんは私。Bさんは同い年のライバル的存在。当時は悔しい思いをしましたが、今となってはBさんが選ばれた理由がわかります。

当時の私は、「私がやったほうが早いから」と仕事を独り占めして、作業に忙殺されて人に会う時間も、新しいことを考える余裕もなく、いつもイライラ……。

上に立つ人は、仕事は溜め込まない、抱え込まない、自分の手柄を譲るくらいの余裕が必要なんですよね。表面的にはよく見えても、組織にとっては最悪の状態だった私。それを見抜いた社長はさすがだなと思います。

選ばれる人は、仕事を溜め込まず・しがみつかず・独り占めしない

仕事は1人ではできない、「人」との関わり合いのなかでするもの

「頼む」と「断る」で仕事は溜め込まず

人に頼むのは申し訳ない、自分でやったほうが早いと思うと、どんどん仕事量は増えていきます。どんなに有能な人でも、仕事量が多ければ、いずれ無理が生じます。

後輩に「頼む」
先輩に「断る」

頼 相手の得意分野に切り込む
「グラフ作成が上手よね〜」

頼 仕事の恩は仕事で返す
「○○の件は私がやっておくね」

断 代案を出す
「明日なら手が空くと思うのですが」

※仕事を頼む、断る前に、必ず上司に確認する。

「教わる」でしがみつかず

わからない、できないは「弱み」ではありません。恥ずかしいからといって、そのままにしておくことこそが「弱み」。それは、先輩や上司に「教わる」ことで「強み」に変えることができるのです。

先輩や上司に「教わる」

起 まず相手の都合を聞く
「今お忙しいですか？」

承 何を教わりたいか明確に
「実は、○○の案件のことで……」

転 自分の考えも伝える
「……というやり方はどう思いますか？」

結 お礼と報告はマスト！
「ありがとうございました」

溜め込まず
しがみつかず
独り占めしない

「チーム」だから独り占めしない

誰かが自分を気遣ってくれている、ということが伝われば、人の心は和むものです。たとえ相手がライバルでも助け合いの精神が大事。ときには手柄を譲るくらいの度量を見せましょう。

ライバルも苦手な同僚も
チームなら「助け合う」

助 サポートは自分から申し出る
「私が手伝えること何かある？」

助 いいとこ取りしないでフェアに！
「○○さんがヒントをくれたんです」

HAPPYの種

同じ会社で働く人は「チームメイト」。人は人のなかで成長していく

仕事に追われて気持ちに余裕がないと「私ばっかり忙しい」と思いがちです。でも、その状況を作ったのは、自分自身かもしれません。いつでも人を「助ける」気持ちがあれば、人もあなたを助けてくれる。お互いに心に余裕が生まれます。

ずっと同じ会社、同じ部署の「閉塞感」に耐えられない

はぴきゃりDATA

社会人になってからの人脈はどのように得られましたか？

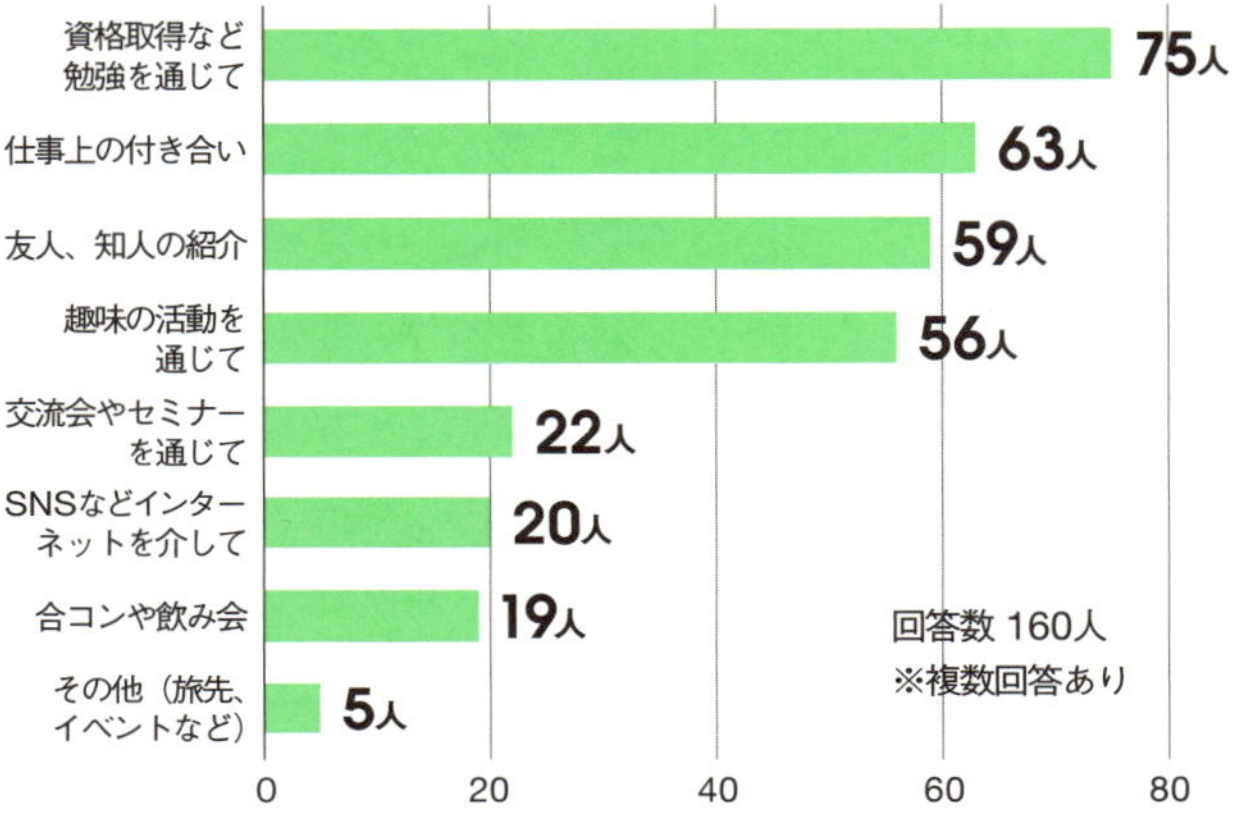
資格取得など勉強を通じて
75人
仕事上の付き合い
63人
友人、知人の紹介
59人
趣味の活動を通じて
56人
交流会やセミナーを通じて
22人
SNSなどインターネットを介して
20人
合コンや飲み会
19人
その他（旅先、イベントなど）
5人
回答数 160人
※複数回答あり
0
20
40
60
80

社内の人間関係は、上司や先輩との「タテ」と、同期や同僚との「ヨコ」でつながっています。

やりたい仕事に近づくには、「タテ人脈」が大切！　と思いがちですが、私の考えは違います。「タテ」の人たちに目をかけてもらってマイナスになることはありません。しかし、あなたが、より豊かな人間関係を築いていくために大切にしてほしいのは「ヨコ」のつながりです。

「ヨコ」のつながりは広く、仕事を通して、同僚を介して知り合う機会はずっと多いはずです。

ただ、部署内の人間関係で悩んでいる人は、「タテ」にも「ヨコ」にも広げるのは無理と思ってしまうでしょう。

でも、そんな人にこそ、社内の人脈作りに挑戦してほしいのです。個人的に紹介してもらうのは気が引けるなら、いろいろな部署の人が集まるイベントに参加してはどうでしょう。

担当業務を頑張ることはもちろんですが、仕事の評価とは関係ない場での貢献度も大事。その評価が、やりたいことを実現する一歩となった例は珍しくないのです。

社内横断イベントやプロジェクトに参加。機会がなければ自分で作る

社内イベントの企画・運営をやってみよう

制度作りのための分科会的なものや、レクリエーション色の強いものなど、会社で、全社員参加可能な交流イベントなどを行うことがあります。この機会は逃さない、それも、ただ参加するだけではなく、運営側に回ることがポイントです。そのような機会がなければ自分で企画してみても。

就業後に動かなくてはならない。 手当はないのに重労働	＜	他部署の人と親しくなれる。 同期や部下だけではなく、上司、 部長クラスとも話す機会がある

運営スタッフとしての働きぶり、真面目な姿勢が伝われば、イベント終了後も何かの折に力を貸してくれるようになるでしょう。

社内人脈を可視化　TVドラマの相関図風「社内人脈マップ」

誰と交流を深め、どのような人との関係が欠けているのかを把握するために、ドラマの相関図風に社内人脈を整理してみましょう。

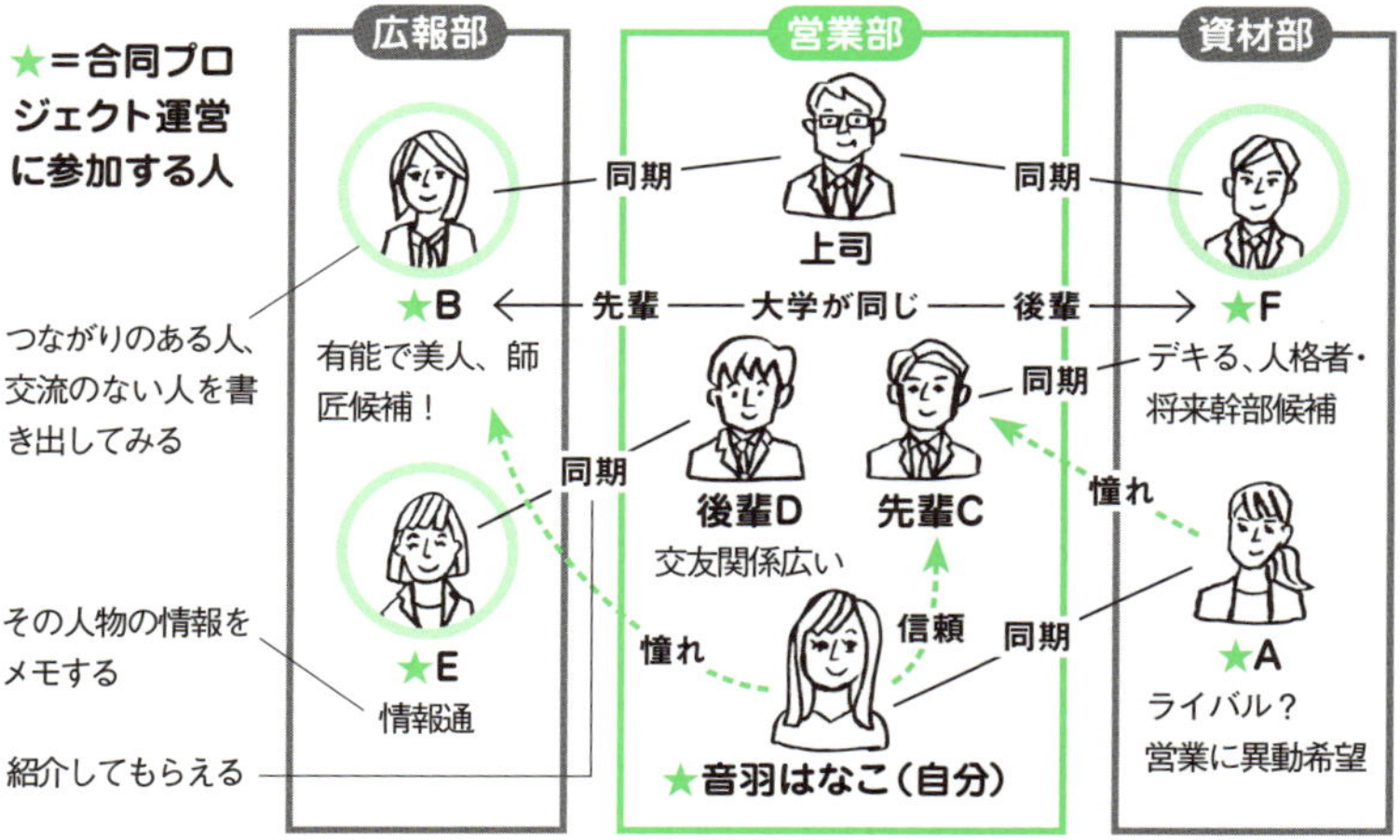

- わかる範囲でおおまかに書いて、細かい部分はあとで修正する。
- 最初からたくさんの人とつながるのは大変。3人くらいに絞る。
- 仕事上の集まりだけでなく、ランチタイムなどを利用して、少しずつ親交を深める。

後輩がミスしても、嫌われるのが怖くて叱れない

HAPPYのツボ

期待している、まだ成長できる、こちらの思いを伝えることも大切

新人の頃によく叱った後輩が「叱ってもらったからこそ、今の自分があると思っています」と言ってくれた

「叱る」ことが好きな人はあまりいません。

叱ったあとに相手と気まずくなることや、指摘した分だけ自分もきちんとしなければと責任を背負うことなど、さまざまな理由があるでしょう。

「叱る」といえば、新米マネージャー時代を思い出します。新人の部下たちに対して、言葉を選んでいる余裕もなくストレートに叱責していたんです。あとになって反省することしきり。「相当恨まれているだろうな」と思っていました。

ところが、それから10年以上が過ぎて、かつての部下たちと再会したときのこと。

「エツコさんに教えてもらったことが今の自分に生きています！」

「あの頃は言えなかったけど……いつかお礼を言わなくてはと思っていました」

こんなこと言われたら、うれしすぎて言葉が出ません。

幼稚で未熟だった私のやり方でも、彼らを何とか一人前にしたいという一心でやっていれば伝わるもの。その気持ちをきちんと受け止めてくれた彼らに、私も感謝しています。

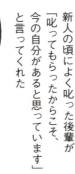

相手を大切に思うなら耳が痛いことでもちゃんと言う

見て見ぬふりの表面的な付き合いからは何も生まれません

「耳が痛いこと」を言うときの3つのポイント

相手の言動に、自分の心がざわついたとき、一度「これは自分のため？　相手のため？」と自分に問いかけてみます。

それでもなお、相手のためだと確信したら、次の3つのポイントを参考に伝えてみましょう。

1. **タイミングが大事**
2. **こちらは感情的にならない**
3. **相手の人格を否定しない**

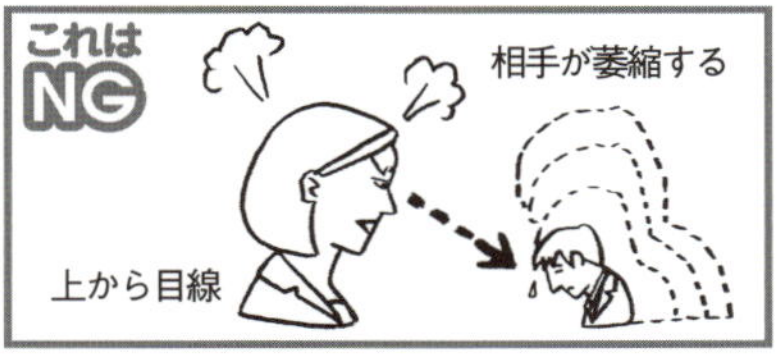

言いにくいことを感じよく伝えるテクニック

「評論家」にならない

問題点を次々と指摘すると、相手は素直に受け取ってくれません。言い方は感情的でなくても、相手は責められる一方のように感じ、批判のための批判には耳を閉ざしてしまうもの。相手が求めているのは、ミスをどう解決するかの具体案です。

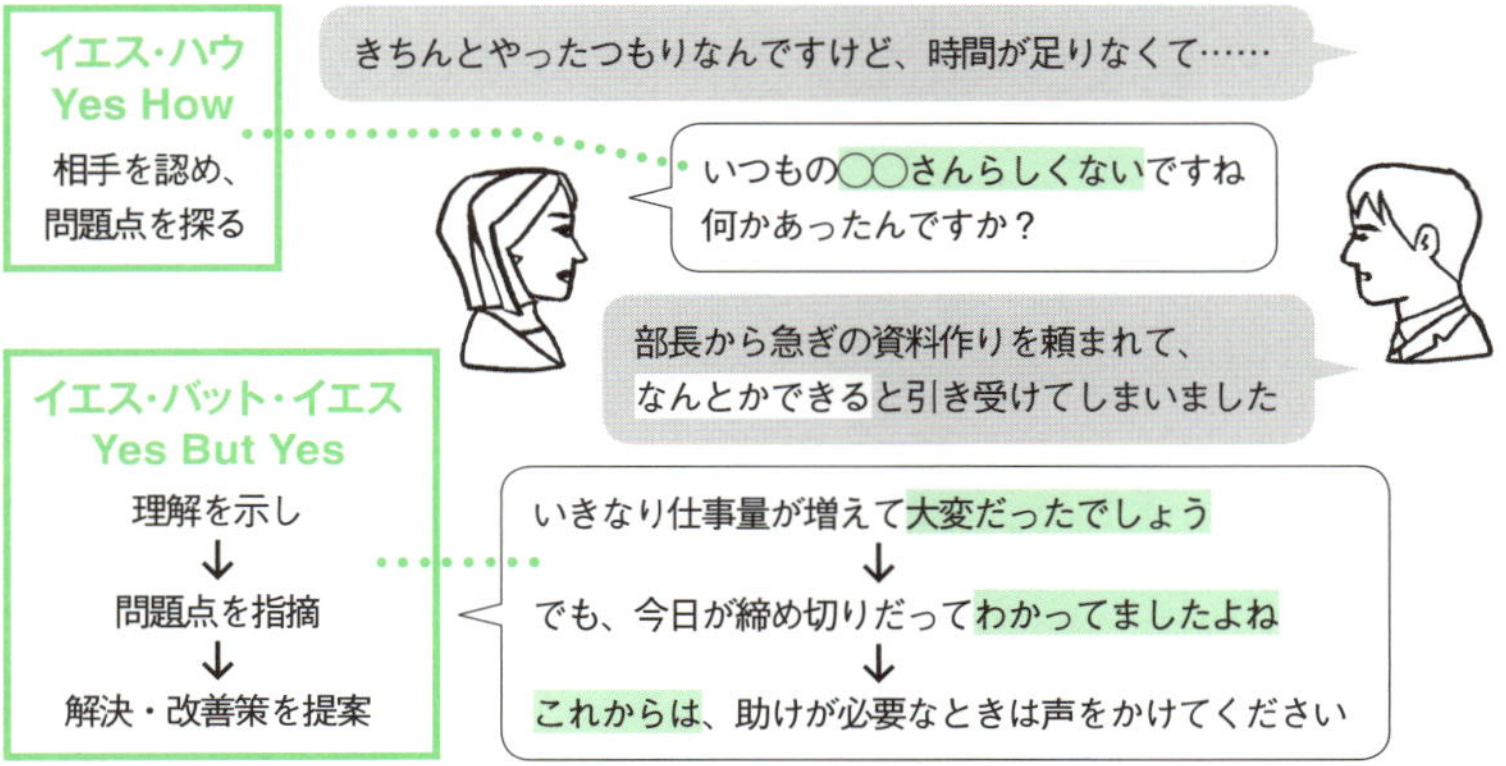

上司や先輩に問題点を指摘したり、抗議したりする際は、後輩よりもさらに気がひけるはずです。これらのテクニックを組み合わせ、相手が受け入れやすいかたちで、しっかり自分のメッセージを届けましょう。

ふとした「コミュニケーション」のコツを知りたい

仕事の場面では、「おかげ様」という言葉をよく使います。相手の助力でうまく事が運んだとき、直接の助けはなくても日頃からお世話になっていることへの感謝を込めて、人と会うごとに出る言葉なので「ビジネス枕詞」と呼ばれるくらいです。

「おかげ様」は、もとは神仏のご加護に対する感謝を表す言葉だとか。特別に信心深くなくても、人は心の中に神仏への「ありがたい」という気持ちを持っています。

それと同じように、周囲の人への感謝も常に意識していたいもの。ただ、会うたびに拝むわけにもいかないので、心にあるたくさんの感謝は相手になかなか伝わりません。

また、こちらに悪気はなくても、結果的に相手に嫌な思いをさせてしまうことも。それはお互い様でもあり、相手の顔色ばかりうかがう必要はありません。

しかし、人に嫌われるよりは、好意を持たれているほうが、やはり何事もスムーズに運ぶでしょう。そこで、提案するのが「感謝の仕組み化」。日頃の感謝のお礼を、行動で示すのです。

HAPPYのツボ

「朝の挨拶」で毎日の感謝を真っ先に伝えよう

挨拶のあいうえお

- **あ** 明るく誰とでも
- **い** いつも自分から先に
- **う** 美しいお辞儀とともに
- **え** 笑顔でにこやかに
- **お** 大きな声で元気よく

“感謝の仕組み化”で「おかげ様」の気持ちを伝える

「持続的かつ安定的にできること」を選ぶのがポイント

ここでいう〝仕組み化〟とは、感謝を表すシステムを作ること。身近なところでは、定期的に贈り物をするお中元やお歳暮でしょうか。これを日常化するのです。

上司・同僚

近くにいると、照れがあって感謝の気持ちをうまく伝えられないことがあります。「ありがとう」の言葉はもちろん、同僚や上司への気遣いをさりげなく伝えられる方法を考えてみましょう。

デスクの近い人、親しい人

人には何かしらクセがあります。「あ、はじまったな」と気づいたら〝一歩先〟を読んで〝助けになること〟をしてみましょう。

元気がない上司や同僚

理由によっては慰めの言葉が逆効果になることもあるので声をかけるより先に、あなたが〝心配している〟ことをさりげなく伝えてみるとよさそうです。

他の人の前で女性に疲れた様子、顔色が悪いといった言葉は謹んで。

お世話になっている社外の人

旅行や出張のおみやげではなく、何もなくても月に1回、お菓子を配るという方法です。社内はもちろん、取引先でも「今月は何かな？」と楽しみにしてくれるようになれば大成功。

後輩や部下

ビジネスマナーのレッスンも兼ねて、月イチであらためて感謝の気持ちを示してはどうでしょう。

心得ているつもりの敬語がいざというときに出てこない

HAPPYのツボ

敬語は「距離の言葉」。相手との距離のとり方を考えて使い分ける

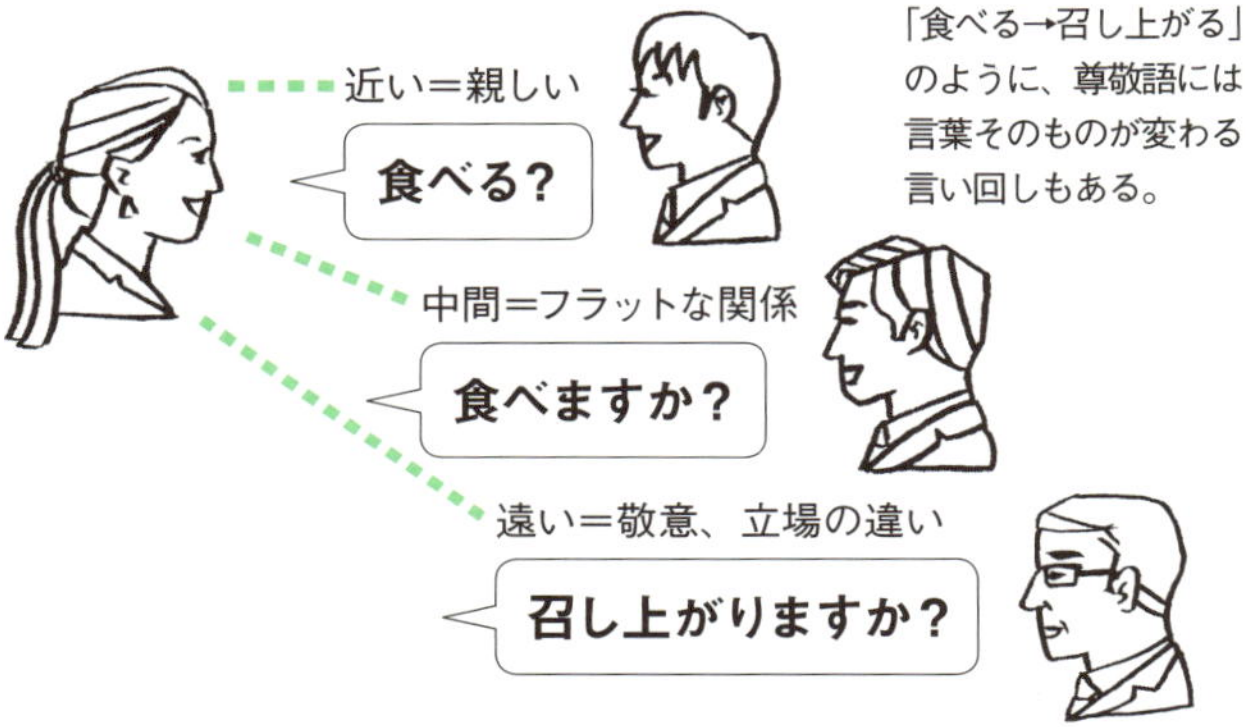
「食べる→召し上がる」のように、尊敬語には言葉そのものが変わる言い回しもある。
近い＝親しい
食べる？
中間＝フラットな関係
食べますか？
遠い＝敬意、立場の違い
召し上がりますか？

あなたが「感じがいいな」と思うのは、どんな話し方ですか？ 言葉遣い、声のトーン、表情や身振り手振りなど、どれも大切な要素ですが、感じがいいと印象づけるには、もう1つ忘れてはならないことがあります。

それは、相手と自分の立場を明確にし、ほどよい距離感を保つこと。とくにビジネスの場面では、相手を立てようと思うばかりに、言葉遣いがおかしくなってしまうことがあります。

心情的に親しくても、取引先の人に友だちに対するようにくだけた言葉は使えない。かといって、堅苦しい言葉遣いでは、互いの距離はいつまでも縮まりません。

では、相手と状況に応じて、ほどよい距離感を保つにはどうすればいいか。それは「敬語」を使い分けること。完璧ではなくても、敬語を使おうとする姿勢は、敬意としてきちんと伝わるものです。

少しでも不安があるのなら、まずは敬語の基礎をおさらいしてみましょう。あとは失敗を恐れずに使ってみること。言葉で相手を尊重する気持ちを表せる人は、それだけで一目置かれます。

敬語は、相手を大切に思う心の言葉 日頃から丁寧な言葉遣いを心がけて

正しい言葉遣いを身につけるには「使う」「慣れる」が大切

敬語の基本は謙譲・丁寧・尊敬の3つ

POINT 1

自分がすることは謙譲語、相手がすることは尊敬語 敬意は動詞に反映する

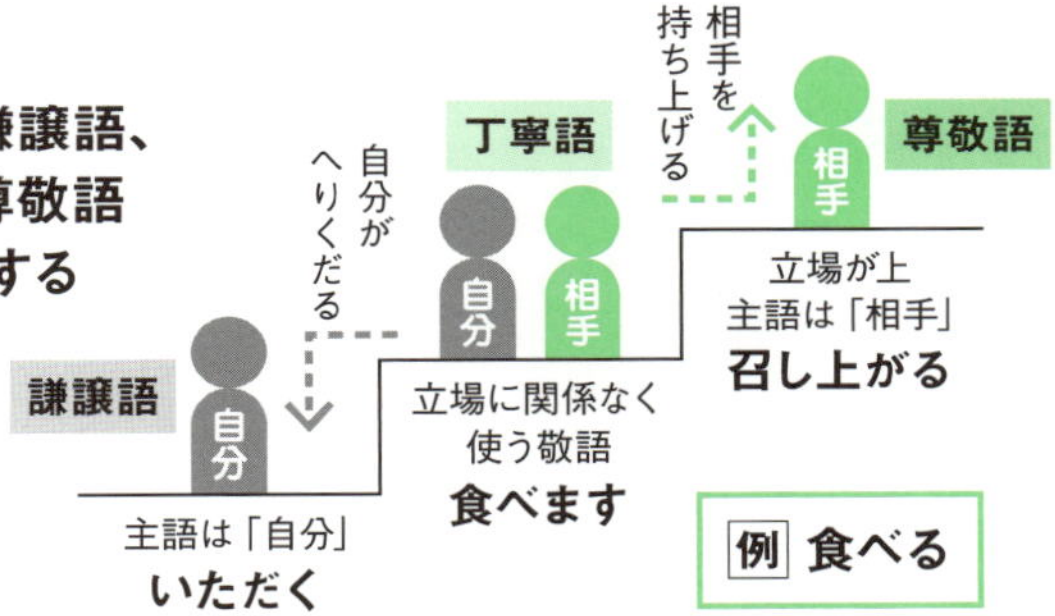

POINT 2 **敬語は決まった言い回し（特定型）を覚えておく**

主語は「自分」　**会う**

先日、御社の部長にお目にかかりました

主語は「相手」　**見る**

カタログをご覧になりましたか？

ええ、あなたは？

主語は「自分」　**見る**

1部いただいて、拝見しました

POINT 3 **「〜させていただく」の使い方にはルールがある**

正しい使い方は、次の2つの条件を満たすとき

- **相手や第三者の許可を受けて行う場合**
- **それを行うことで（自分側が）恩恵を受ける**

相手が所有する資料のコピーを取りたい

○ その資料のコピーを取らせていただけますか？

自分の担当を伝える

✕ 営業を担当させていただいております

○ 営業を担当しております

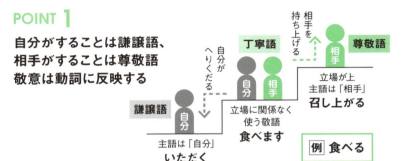

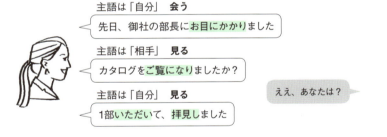

お世話になった人へのお礼を印象づけるには?

誰かに食事をごちそうになったとき、帰り際にお礼を言うのは当然のことです。

その後、あらためて電話やメールで「美味しかったです。ありがとうございました」と感謝の気持ちを伝える。ここまでは、大人の女性として常識の範疇です。

しかし、みんなと同じことをするだけでは、まだまだ感があると私は思っています。

いつものことプラスアルファで、もっと強く印象づけてみませんか？　それは、「ありがとうを3回以上言う」こと。2回でも丁寧で礼儀正しい印象なのに、相手の期待を「いい意味で裏切る」と、それが強く相手の脳裏に刻まれます。

しつこいと思われないかって?　そんな心配は無用ですが、3回目からの「ありがとう」はタイミングがとても大切です。

私たちは、感謝されたことを忘れがちな生き物です。そこで、「相手が忘れた頃」にさりげなく感謝を伝えればいいのです。

心の底からの「ありがとう」は、言うたびに、聞くたびに、お互いが素敵な〝ご縁〟だと相手の心に刻まれるのです。

HAPPYのツボ

3は意味を持つ数字
「ありがとう」もしっかり心に刻まれる

出会いは
1回目は**偶然**、**2回目**は**必然**、
3回目は**運命**、と言われるほど、
人の心は**3回目**で
大きく**動く**ようです。

感謝とご縁に「ありがとう」お礼は3回目が超大事

3回目からの「ありがとう」はどんなふうに伝えるの？

「ありがとう」の対義語は「当たり前」？

その場でお礼を言ったとしても、やってもらって「当たり前」という気持ちがあると感謝の気持ちは忘れてしまいがちです。どんな些細なことでも「ありがたい」と受け取っていると、その気持ちは忘れないもの。自然に、何回でも「ありがとう」の言葉が出てくるのです。

1回目 のありがとう　その場で伝える感謝の気持ち

ちょっとしたことでも「うれしい」と感じたときの反応は、誰も同じ。でも、してもらったことは、お礼を言ったら終わり、すぐに忘れがちです。

ところが、人は、自発的にしたことは記憶に残ります。恩着せがましいわけでなく、自分がしたことを相手が喜んで、お礼を言ってくれたことがうれしいのです。

2回目 のありがとう　礼儀正しい大人のお礼

その日のうち、遅い時間なら翌日の午前中に伝えるのは「礼儀」としてのお礼。メールで送った簡単なメッセージでも、「喜んでもらえてよかった」と感じられ相手に対して好印象を抱きます。目上の人やメールアドレスがわからない場合、手紙ではおおげさに思えたら、ポストカードでもOK。

3回目 のありがとう　深い感謝が伝わるお礼

3回目のお礼のタイミングは「相手が忘れかけた頃」。少し時間が経ってからお礼を言われると、言われた側には、心からの感謝が伝わり、この人なら「また何かしてあげたいな」と思ってくれるはずです。

自分に自信がない人は「親切」からはじめよう

HAPPYのツボ

自己肯定感を高めることが
自信を取り戻すためのエネルギーに

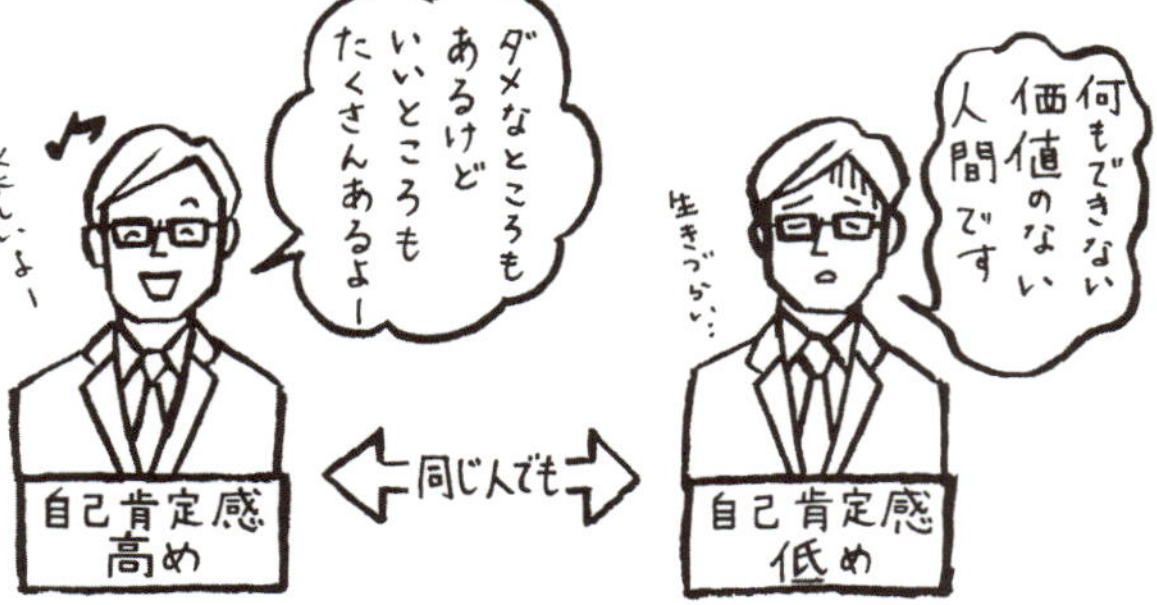

自己肯定感とは、そのままの自分を認めたうえで尊重し、自らの全存在を肯定する感覚。

電車でお年寄りや妊婦さんに席を譲るところを見かけます。「どうぞ」「ありがとうございます」のやりとりに、こちらも、いい気分になりますよね。

　誰かに親切にすると、その人だけでなく周りからも「ありがとう」と言われているみたい。実際はともかく、周囲の空気を和ませたことで「私ってなかなかやる～」と、一瞬でも自分に酔えるのは確かだと思います。

　すると、自己肯定感が高まる→心が元気になるというプラスの連鎖が起こります。

　この仕組みに気づいたのは、心理学者植木理恵さんの著書を読んだのがきっかけ。もともと世話好きではあったけれど、それ以来、「親切」のチャンスを探すようになりました。

　困っているお年寄りはいないかと目を凝らし、ベビーカーで立ち往生しているママに手を貸して……と親切の種を探しています。

　おかげで私は、鼻歌が出るくらい、毎日ご機嫌でいられます。相手から喜ばれ、「価値ある人間だ」と自分に意識づけでき、自信が湧いてくるのです。

小さな親切の積み重ねが自分に自信を与えてくれる

親切の押し売りで結構。「いい気分」をキープしよう

「小さな親切」からはじまるプラスの連鎖

人に親切にすると「ありがとう」と言われる

↓

何ともいえない「いい気分」を体験 ＝「いいこと」をした自分が好きになる

↓

自己肯定感が高まる ＝ **心が元気になる**

HAPPYの種

小さな親切で〝いいことをした〟という気持ちが満たされると、自己肯定感が育つ

何となくやる気が出ない、元気がないというときこそ、朝の通勤時から「小さな親切」を実行。一日を「いい気分」でスタートできます。

人に覚えてもらえない、私って存在感薄いの？

HAPPYのツボ

人のつながりを串団子にたとえると真ん中の人が一番得をする

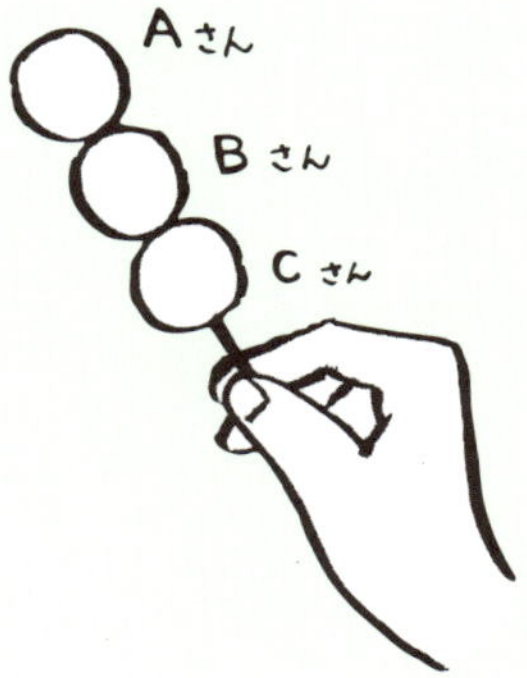

Bさんは

＋AさんとCさんの両方から情報が入る

＋AさんとCさんの両方に情報発信できる

＋AさんとCさんが知り合いではない場合は、両者から得た情報を選んで伝えたり、遮断したり、コントロールできる

知り合いのAさんとBさんが私とは別のつながりで交流があった、なんてことがたまにあります。知り合って間もないBさんですが、共通の知人がいるとわかると、グッと親近感が増します。

そのうえ「Aさんが、金沢さんのことをほめていましたよ」とBさんから間接的に聞くと、なぜか本人に直接言われるよりもうれしく感じるもの。また、伝言してくれたBさんへの好感度も一段と高くなるのです。

いい関係を築きたいと思ったら、相手の周囲の人たちとも積極的にエピソードを共有するようにしましょう。すると、「そんな一面があるのか」「案外デキる人じゃん」などと、相手の人間関係にもいい影響を与えることができます。

そして、会話の中で、共通の知り合いのプラスの情報が話題になったら、「○○さんがほめていた」「△△さんが、お世話になったと私にまでお礼を言ってくれた」と、本人に伝えることも忘れずに。

ほめ言葉や感謝の「伝言」は、あなたとつながる人に互いを大切に思う気持ちまで伝えてくれるのです。

自分が間に入って、ほめ言葉・感謝の「伝言」で人と人をつなぐ

ほめた人、ほめられた人の間で伝言した人の存在感が増してくる

直接聞くより心に響く人づての効果

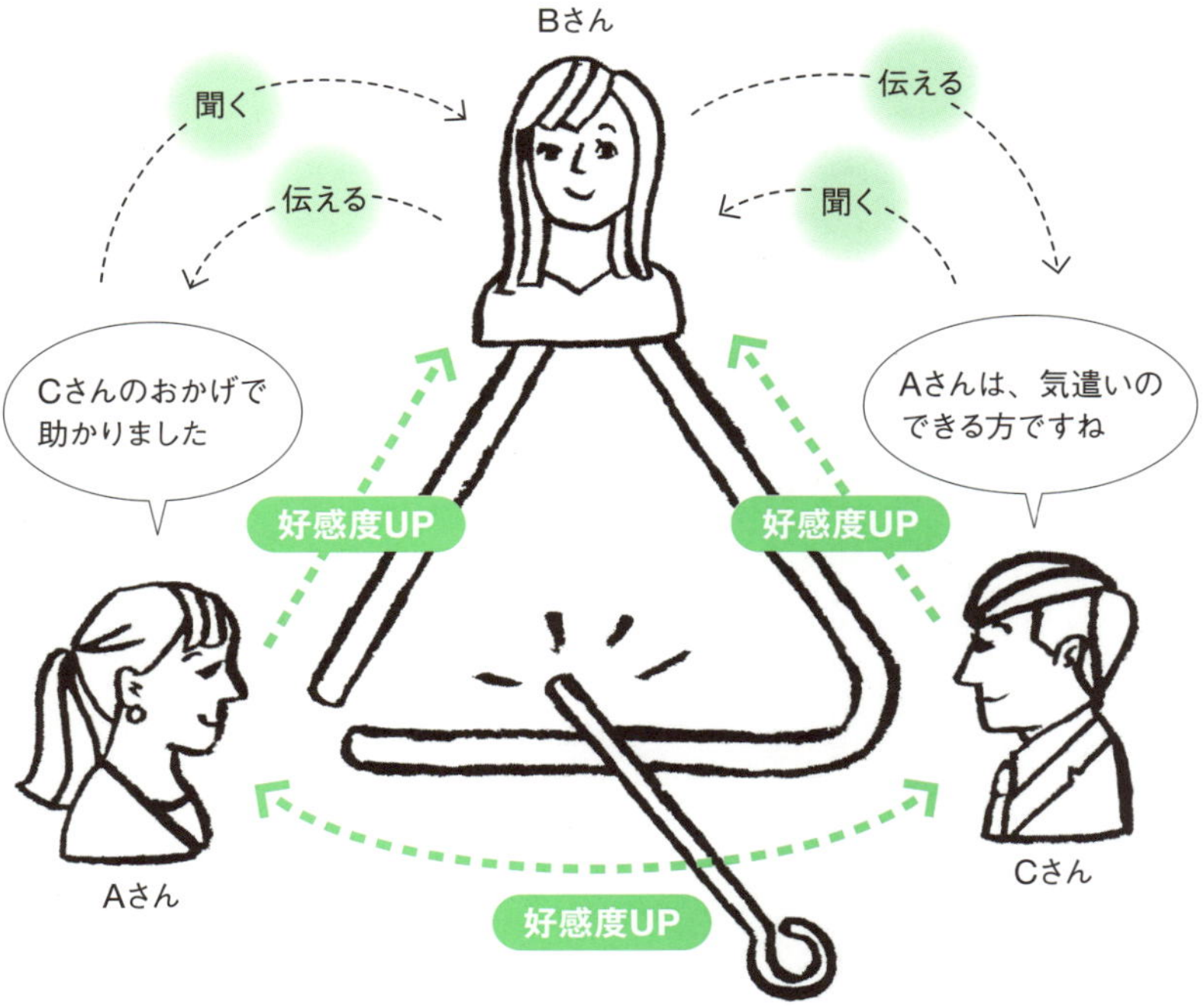

ほめ言葉は、他人を経由して耳に入ると、面と向かって言われるよりも「真実味」が増します。ほめた側、ほめられた側がお互いに好感を抱くのはもちろんですが、〝漁夫の利〟を得るのは、ほめ言葉の仲立ちをした人。実際は伝言をしただけでも、その人が「ほめてくれた」と感じ、両者からの好感度、存在感も高まります。

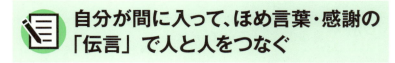

世代間ギャップ？　お互いに話が通じない人がいる

コミュニケーション能力とは、「他者と上手に交流を図ることができる能力」のこと。最近は、「コミュ力」というインターネット由来の略語がよく使われます。

字数制限のある書き込み欄に、多くの情報を盛り込むために欠かせない略語やネットスラングも、人によっては意味不明。「コミュ力」と聞いても、読んでも何のことだかわからないという人は思いの外たくさんいるのです。

いわゆる業界用語や若者言葉（スラング）など、この類いの言葉はほかにもあります。

それらは、どんなに自分の周囲で頻繁に飛び交っていようと「一般に広く通じない言葉」。そうした言葉をたくさん知っていて、会話のなかにちりばめても何の自慢にもなりません。

「私、コミュ力は高いほうなんです」なんて言うのは、むしろコミュニケーション能力の低さを自ら吹聴しているようなものです。

いつでも、どんな相手でも、コミュニケーションの第一歩は、相手を思いやること。それを忘れなければ、コミュニケーション能力は高めていけるのです。

HAPPYのツボ

コミュニケーション＝通じ合うは、言葉よりも「見た目」が大事

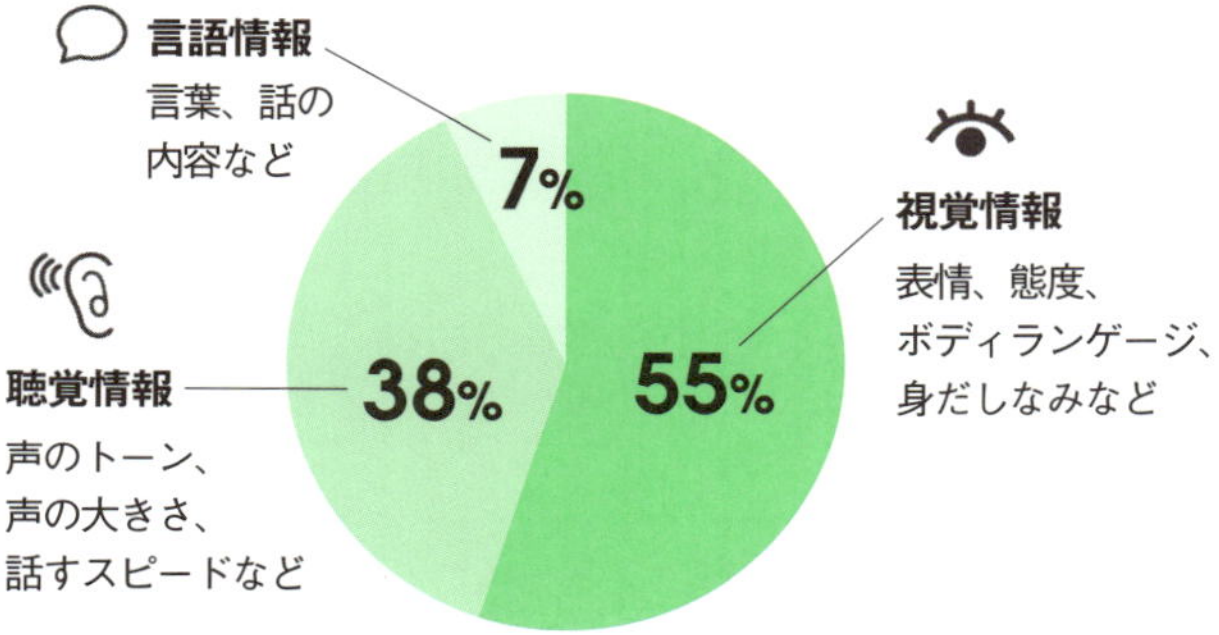
言語情報
言葉、話の内容など
7%
視覚情報
表情、態度、ボディランゲージ、身だしなみなど
55%
聴覚情報
声のトーン、声の大きさ、話すスピードなど
38%

メラビアンの法則　話し手が聞き手に与える影響

言葉では伝わらない情報も「見せる」「聴かせる」で共有できる

言葉よりもたくさんの情報をやりとりできる「伝える力」を磨こう

言葉で理解しにくいことは「見る」「聴く」で補っている

言葉のみのコミュニケーションは、個人の性格や環境などの違いで誤解が生じたり、伝わる情報量に差が出たりします。こうした言葉で不足する部分を補うのが、表情や身振り、声のトーンなど目や耳から入る情報です。

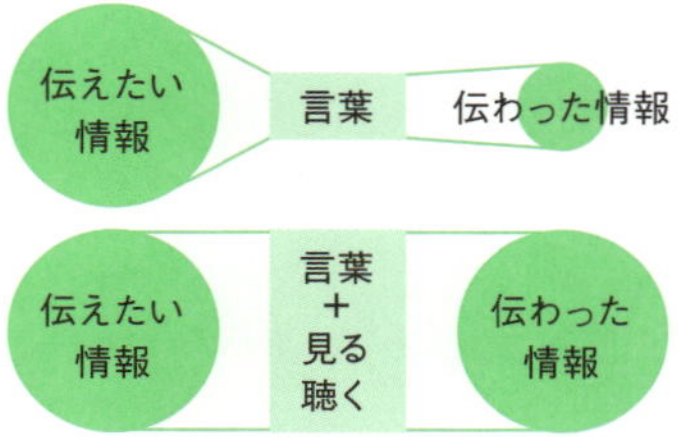

非言語（ノンバーバル）コミュニケーションの主力は「表情」と「動作」

「言葉」ではわからない本音は「見た目」で読み取る

アイコンタクト

目を合わせることは、相手からの信頼感を高めるだけでなく、こちらも相手の目の動きや視線の方向によって、言葉には出ない感情を読み取ることができます。

相手との距離

男女、個人の性格などで差がありますが、一般に、ビジネスの場では、周囲120～360cm、対面の場合でも周囲45cm以内に近づかないことが好ましいとされています。逆に考えれば、意図的に距離をあけることで、相手に対する親近感を表すこともできるわけです。

表情や動作から「本音」を読み取る

言語メッセージ

非言語メッセージ

- 表情が硬い
- 視線を合わせない
- 時計を見る

読み取れるメッセージ
面談を早く切り上げたい

相手の表情や動作から言葉と一致しない「本音」を読み取ることもできます。ただし、お互いに無意識にしていることを深読みして誤解が生じることも。そんなときこそ、気になったことを尋ねるなどして、言葉で相手への「思いやり」を示しましょう。

やんわりと感じよく誘いを断るのは難しい

誘いを断るのが苦手な人は少なくありません。

なぜなら、断ったら相手に「申し訳ない」という気持ちがあるから。とくに、気を使う相手には、〝角が立たない〟ようにと考えた末、曖昧な表現をよく使います。

言い方はいろいろですが、多いのは、

「行けたら行く」

便利な言葉です。「行かない」とは言っていない。むしろ「行く」という前向きさが感じられる？

いいえ、この断り方は、はっきり言って悪手。「申し訳ない」という自分の気持ちが先走って、相手に対する配慮が欠けているように思います。

相手が誰であろうと、誘われたときに真っ先にすべきは「はっきりした意思表示」です。

「断り方」を金・銀・銅でランク分けするとしたら、「行けたら行く」はランク外。最初に「行けない」と伝えるのは基本ですから、メダル獲得には至りません。

あなたならどんな断り方をしますか？「お誘いを断りつつも印象をアップする」金メダリストを目指しましょう。

リアルVOICE　行けるけど「行かない」。気乗りがしないお誘いの断り方

正直に言う 31歳・派遣社員

ウソをついても自分が忘れちゃうので、正直に言います。次のお誘いがないのがかえって気楽。

ワンクッション入れる 35歳・会社員

すぐ断るのはさすがに気が引けるので「予定を確認します」と伝えてから、なるべく早く返事をします。

他の予定を理由に 38歳・団体職員

当日の誘いなら、迷わず残業を理由に。同じ会社の人には、家族との〝外せない予定〟を理由にします。

誘われたけど「行けない」ときは断りつつも印象をアップする

相手が誰かに関係なく、プラスアルファのフォローが大事！

その場しのぎはNG！　ランク別・印象アップにつながる断り方

イベントに招待されたが「行けない」という設定で、誘ってくれた人が抱く印象によって、断り方を金・銀・銅にランク分けしました。

銅　誘ってくれた人への気遣いができる

できるだけ早く不参加の旨を伝える

最初にきちんと参加できないことを伝えること。さらに誘ってくれたことへの感謝の気持ち、イベントの成功をお祈りするなど、相手への思いやりの言葉を必ず添えましょう。

銀　積極的に支援する姿勢が見える

SNSでイベント告知の記事に「いいね！」をつける

言葉で応援するだけでなく、SNSでイベント告知の記事に「いいね！」をつけるなど行動で表した場合は、誘ってくれた人からの好感度は確実に上がります。ただし、イベントに参加した人たちの間では、その場にいないあなたの存在感はまったくありません。

金　全方位で好感度・存在感がアップ

全力サポートで「行けない」をフォローする

金メダルは、銀プラスアルファの「フォロー」ができる人です。

SNSでイベント告知の記事に「いいね！」をつけてさらに「シェア」する。思いつく限りの知り合いに連絡してイベントへの参加をお願いする。要するに、人集めのお手伝いをするわけです。

こうしたフォローは、誘ってくれた人はもちろんイベント参加者にもインパクトを残すことができます。あなたのすすめで参加した人があなたの代わりに存在感をアピール。この作戦で、私はよく「会場にいるかのような存在感だった」と言われます。

HAPPYの種

頼まれごとは「引き受ける」より「断る」が難しい。きちんと「断る」と好感度が上がる

はっぴい
COLUMN

幹事を任されたときの便利帳

スーパー幹事と呼ばれるための5つのポイント

幹事がすることは、仕事と共通する要素が多く、段取り力、プロデュース力などさまざまなスキルを磨く絶好のチャンスです。気乗りがしない宴会も、自分が思うように仕切れば楽しさも倍増。みんなに喜んでもらえば、周囲からの評価もぐんと上がります！

重要人物の日程をまずはおさえる 多忙な役職者の日程は、必ず最初におさえること。また「あの人が来るなら……」と参加者を呼び寄せるような人望のある人、人気者にも、早めに声をかけておきましょう。

チームでやる 1人で何でもやろうと思わないこと。会場選び、余興の企画などは得意な人の力を借りて、幹事はプロデューサーとして全体を統括します。

例年の調査を綿密にしておく 前任の幹事から、会費や参加メンバー、社外からの招待客など〝通例〟を聞いておくこと。いい意味で「去年と違う」宴会なら、参加者は必ず高評価してくれるはずです。

一人ひとりが主役になれるように意識する 送別会なら送られる人、その会の目的に合った人はもちろん、参加者全員が「主役」になれるような余興、ゲームを用意しておきます。

二次会のあたりをつけておく 場所をおさえてあれば、一次会終了後に任務完了。「気が利いているね」と喜ばれはしても、二次会不参加を責められることはありません。

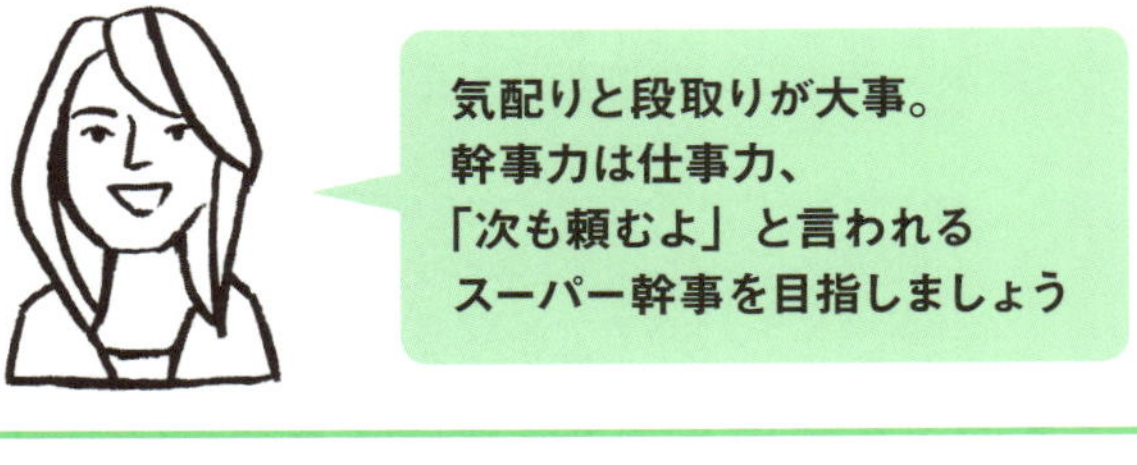
気配りと段取りが大事。
幹事力は仕事力、
「次も頼むよ」と言われる
スーパー幹事を目指しましょう

PART 3

明日の元気ときれいを作るコツ

ストレスや心のモヤモヤは
放っておくとますます募るばかり。
自分らしくハッピーな毎日のために
気持ちよくほぐしましょう。

だるい、眠れない、やる気が出なくて毎日がつらい！

とくに思いあたる理由はないのにやる気が出ない。それは、心もカラダもエネルギー不足に陥っているサインです。自分のエネルギー量が今どれくらいなのかを知る、いい方法があります。

まず目を閉じて、透明なガラスのコップを思い浮かべます。

そのコップには、どれくらいの水が入っていますか？

この水の量が、今のあなたの「エネルギー量」。水量5割を基準として、5割に満たないイメージならば心身ともに疲れて、エネルギー不足に陥っている可能性大。

3割を切っているイメージならば、イライラやだるさ、不眠、食欲不振や過食、頭痛など不調が現れているはず。エネルギー不足になったら、何を差し置いても「あ～ラク～」と思えることで充電しましょう。

ここで問題なのは、あなたが頑張り屋さんだということ。「ダラダラする」ことに後ろめたさを感じてしまうのです。

ひたすら眠るもよし、好きな映画を観るもよし。しっかり休養したら、もう一度「コップの水」をイメージしてみてください。

はぴきゃりDATA

ストレス解消のために何かしていることがありますか？

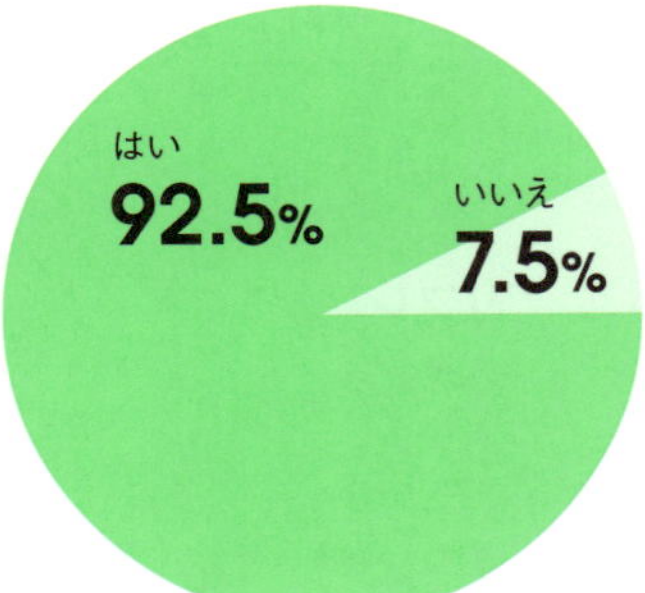

回答数160人
（男性57人、女性103人）

ストレス解消法トップ3

1 十分な睡眠をとる
2 家族や恋人、友人との食事、会話
3 ジムやサークルに参加して運動する

心とカラダ、自分のエネルギー量をイメージしてみよう

目を閉じて水が入ったコップをイメージする

水量＝今のエネルギー量です

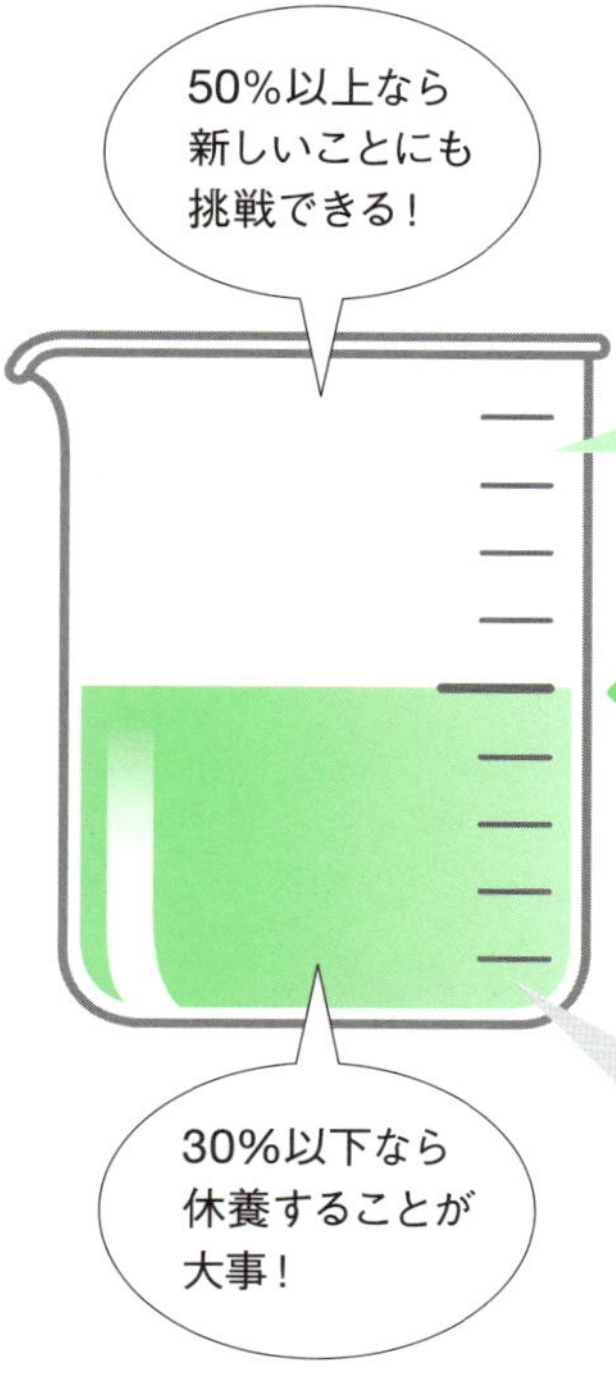
50%以上なら新しいことにも挑戦できる！
30%以下なら休養することが大事！

動的活動でリフレッシュ

掃除、散歩、友人や家族・ペットと過ごす……

さらに60%以上なら発散系もおすすめ

スポーツ、大声で歌う、ショッピング、踊る、ライブへ行く……

50%がボーダーライン

- 50%以上ないとやりたいことにチャレンジするのは難しい。
- 50%を切っていたら心身を休めることを優先。

静的活動でリラックス

美容院、愚痴る、書きなぐる、泣く……

30%以下ならひたすら休養

何もしないで過ごす、寝る、入浴・サウナ、マッサージ・エステ……

HAPPYの種

エネルギー不足は「あ～ラク～」と思えることで充電する

エネルギーが足りないときに必要なのはリフレッシュよりもリラックスです。エネルギーをもらおうと元気いっぱいの友だちと会うのは逆効果。自覚症状があるならエネルギーを増やすことが先決、しっかりカラダを休めましょう。

心の中の「モヤモヤ」をスパッと追い出したい

心がモヤモヤ、イライラして、なんだか気分が晴れない。自分でもなぜこうなるのかよくわからないモヤモヤを抱えたままでは、仕事に気乗りがしないだけでなく、毎日が楽しくありませんよね。

そんなときは、気持ちを切り替え、晴れやかになるようなことをしてみましょう。だからといって、特別なことをする必要なし！　意外と簡単なことで、モヤモヤを晴らし、気分アゲアゲになります。

一番のおすすめは「見た目」を変えること。ふだんの自分なら選ばない色やデザインの服を着てみる、髪型を変える、女性だったらネイルサロンに行ってみるのもいいでしょう。

役者さんは、メイクをしながら役に入っていくとか。「見た目」が変わることには、セルフイメージを高める効果があるんです。気分が上向きになって「元気のスイッチ」がオンになるわけです。

また、同じことのくり返しで刺激がないのも、心のモヤモヤにつながります。毎日くり返す「ルーティン」があったら、それをちょっとだけ変えてみるのもいい方法です。

HAPPYのツボ　他人への期待が多くなると「心のモヤモヤ」が増えていく

疲れたー
誰か席譲ってくれないかな
でもなー
みんなも疲れてるから
↑実現しそうにない他人への期待感
↑期待するのをやめると消えていく

見た目を変えると「元気のスイッチ」がONになる

「いつもと違う」は気分転換に即効性あり！

POINT 1

ふだん選ばない色、デザインの服を着てみる

ふだんの自分なら選ばない色やデザインの服を身につける、髪型を変えるなど、すぐにできて効果もあるのが「見た目」を変えること。

POINT 2

いつもと違う道を通ってみる

仕事帰りにいつもと違う道を通ってみましょう。景色が変わると気持ちもリフレッシュ。心のモヤモヤが晴れていきます。

POINT 3

新しいモノ、新しいことを選ぶ

ランチは新しい店に行ってみる、食べたことがないメニューを選ぶなど、日常生活に小さな刺激を。

こんなときも気分転換が必要です

- 仕事でミスを連発 → 数分でもいいのでデスクから離れる
- 疲れて眠気を感じる → 冷たい水で手を洗う。外の空気を吸う
- 帰宅後も気が晴れない → 生花を飾る。ゆっくり入浴する

口紅の色、服やアクセサリーを普段身につけないものに変えるだけでイメージ一新、自分の気持ちも変えることができます。また、座りっぱなしで仕事をしている人は、血行不良から気分もふさぎがちに。意識してカラダを動かしましょう。

すぐ気が晴れる、癒やされる何かがほしい

HAPPYのツボ

もくもくと楽しむ女性たちを、私は「もくもく族」と呼んでいます

極めて**個人的な統計**ですが、
「仕事で輝いている女性」は、
お料理好きが多い。
「**仕事で疲れて**帰ったときは、
面倒くさいと思わないの？」と聞くと、
彼女たちは、**口をそろえて**こう言います。
「お料理すると**リフレッシュ**できるのよ」と。

「もくもく」と「もふもふ」は、私がおすすめする経済的かつ即効性のあるリフレッシュ法です。

まずは「もくもく」。ピザ生地をこねる、餃子を作るなど、単純な手作業に没頭することです。

考えてもしょうがない「あれこれ」を強制終了。日常のもやもや、イライラをもくもくと行う手作業でリフレッシュしている人たちを、私は「もくもく族」と呼んでいます。

「もくもく」で脳が休まることのリフレッシュ効果は、お料理に限りません。ポイントは、「手先に集中する」こと。動（仕事）と静（もくもくする）のバランスをとると、交感神経と副交感神経のバランスも整います。

同じように手に関係しますが、「もふもふ」は手触りがポイント。五感の1つ「触感」で、疲れた心を癒やし、リフレッシュする方法です。私の「もふもふ」は、もっぱら愛猫が引き受けてくれていますが、触り心地のいいぬいぐるみでも効果あり！

寝つきが悪い、眠りが浅いなんていう方は、ぜひ「もくもく」や「もふもふ」してみてください。

脳を休めてリフレッシュ。「手先に集中」がポイント

「もくもく」「もふもふ」で自律神経を整えよう

自律神経のバランスが整う

料理、編み物、靴磨きなど「手先に集中する」作業

手先を使う作業は脳を活性化します。さらにもくもくと集中して行うことで、脳を休める効果もあり！　動（仕事）と静（もくもくする）のバランスをとると、交感神経と副交感神経のバランスも整うようです。

「幸せホルモン」オキシトシンの分泌UP！

ペットの犬や猫、ぬいぐるみ、肌触りのよい毛布などを触る

五感の1つ「触感」で、疲れた心を癒やし、リフレッシュする方法です。手はほんのわずかな接触に対しても感覚が得られる、敏感なセンサー。心地よい刺激は脳に伝わってリフレッシュ＆リラックスできます。

番外・オフィス編　仕事中にできる2つの気晴らし

デスクの上を片付ける

「5分だけ」と時間を決めて行うのがコツ。眼の前が片付くと、頭の中もスッキリします。

好きな色を見つめる

感情を大きく左右する「色」を取り入れるとより効果的。色彩を楽しむことは、幸福感を高め、アンチエイジングにもつながります。

HAPPYの種

もくもく楽しみ、もふもふ癒やされ、幸福度もグッと上がる！

料理にしても、絵を描くにしても、「もくもく」すれば自律神経が整います。「もふもふ」すれば「幸せホルモン」と呼ばれるオキシトシンの分泌量がアップ。ビジネスパーソンにとってはいいことずくめ、日常にぜひ取り入れて。

できないことばかりで取り柄がない！　私なんて……

「取り柄がない」は自己評価にすぎない！

私なんて……取り柄がない

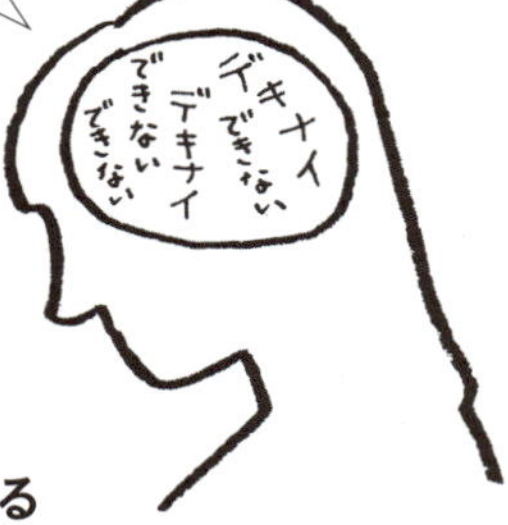

と感じている人は……

- **自己評価が低い**
- **自分にめちゃくちゃ厳しい**
- **他人と優劣で比較しがち**
- **理想が高すぎる**
- **苦手なことのほうに注目する**

「私なんて……何の取り柄もないんです」と言う人は、自分に厳しすぎます。取材やセミナーを通じて私が、お会いした約１万人の女性たち。「取り柄がない」という人も含め、本当に取り柄がなかった人は、一人もいません。誰でも人より優れた能力を持っているのです。

それを私は「素質」と呼びます。優れた能力が発揮されるもととなる、それぞれが生まれ持った「特長・魅力」です。

では、どうしたら自分のよさを知ることができるのでしょうか。

自分の顔は自分では見えませんよね。それと同じで、自分のよさは自分ではわかりにくいものなのです。

鏡で顔を見るように、あなたの内面を映し出す鏡があれば……。その鏡になってくれるのが、あなたをよく知る人たちです。

家族や友人に「あなたにはないけど、私にあるものって何？」と聞いてみましょう。きっとあなたの「よいところ」を教えてくれます。

これを私は「ほめほめシャワー」と呼んでいます。最初は恥ずかしいかもしれないけれど、たくさん聞いて、たくさん浴びましょう。

「私なんて」の口ぐせは「ほめほめシャワー」でさっぱり流す

人に聞くのが恥ずかしかったら「よいこと日記」をはじめよう

その日にあった「よいこと」を書く

- ～ができた、～で楽しかった、など「よいこと」だけを書く。
- 3つくらい書ければ十分。箇条書きでもOK!

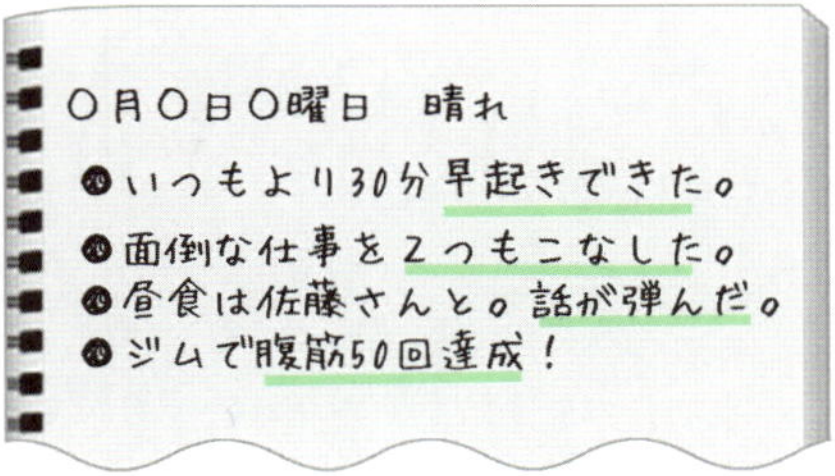
○月○日○曜日　晴れ
いつもより30分早起きできた。
面倒な仕事を2つもこなした。
昼食は佐藤さんと。話が弾んだ。
ジムで腹筋50回達成！

なるべく手書きで！

- 書くことで「よいこと」が記憶に残る。
- 書くために小さな「よいこと」にも気づけるようになる。

英語日記もオススメ

- より客観的に自分を見られる。
- 英語力アップで取り柄が増える。

日々の小さな「幸せ」をキャッチする

- 「幸せに気づく」力がつく。
- 「できること」が増えて、心が満たされる。
- 「おいしい」「いい香り」と感じることで五感が鍛えられる。
- 他人の「よいところ」にも目が向く。

日記を書くことで……

自分を客観的に見る・よいところにも気づく

↓

自己肯定感が高まる・自信が持てる

HAPPYの種

あなたの「よいところ」＝「取り柄」を他人のために使ってみよう

「取り柄」は持っているだけでは、宝の持ち腐れです。人から教えてもらった、自分で発見した「よいところ」を切磋琢磨して、周りのために使うこともお忘れなく！

日々溜まる怒りで爆発寸前、なんとかしなくちゃ！

HAPPYのツボ
マイナスのエネルギーが、人を大きく動かすことがある！

自己啓発本には、よく「言葉には魂が宿り、ネガティブな発言は、結果的に自分を傷つけることになるから口にしないほうがいい」と書いてあります。

でも、怒りからこみ上げる言葉を、口に出さなくても、頭の中でグルグルと反芻しているなら同じことだと、私は思います。

すぐに切り替えができればいいけれど、冷静になるのはなかなか難しいもの。面と向かってぶつけなかったことで、相手に対する怒りが長く消えないことだってあり得ます。

それならば、一気に吐き出すのも1つの手ではないでしょうか。

とはいえ、人間関係がこじれたり、別の問題に発展したりする危険性があるので、本人に直接ぶつけるのは避けたいもの。支障なく吐き出せるのは、あなたをよく知る身近な人たちです。

そんなときに頼りになるのは、家族、夫や恋人よりも、「わかる〜」と言ってくれる友だち。あなたをネガティブな感情から解き放ち、友だちとの絆を深め、さらにマイナスの気を払拭する、悪口会議の方法をご紹介しましょう。

怒りは溜めない、マイナスエネルギーで自家発電する

悪口会議で怒りを溶かしましょう。友だちに集まってもらい、あなたの「怒り」を議題に3ステップで会議を行います

STEP 1
怒りの原因を明らかにして気持ちを整理する
「怒り」というアジェンダについてのミーティング

1 何が起こったのか→2 1についてどう思ったのか→3 2について、他に捉え方がないかを議論→4 建設的な対策を検討、という流れで話し合います。

まずは「自分の気持ちをスッキリ整理する」ことにフォーカス。そのためには、自分だけの問題ではなく、そこにいるメンバーにもあり得ることとして「客観視」することが大事。とくに3では、同じ出来事から、他にどんな捉え方があり得るかを、できるだけ具体例を出し合います。

しっかりと客観視できていないと、「私が悪いわけ？　なんでわかってくれないのよ」と自分を擁護してもらいたい気持ちが出てしまうもの。「だよね～」「わかる～」といった共感だけでは、怒りのループから抜け出すのは難しいので、友だちの力を借りて、しっかり気持ちを整理しましょう。

STEP 2
気持ちに区切りがつき、ポジティブになれる効果も
聞いてくれた友だちに「ありがとう」の一言を

たとえ建設的な話だとしても、決して面白い話題ではなく、気分が悪くなるかもしれません。そんなリスクを背負って自分のために無償で時間を割いてくれることを当たり前だと思わないこと。必ず「聞いてくれてありがとう」と感謝の気持ちを口にしましょう。

STEP 3
吐き出した「怒り」や「悪口」をクリーンアップ
「ご一緒に！」パンパンと柏手を打って終了

これは、スピリチュアルカウンセラーからすすめられたこと。柏手には、その場に溜まった澱んだ気を散らすパワーがあるそうです。何回か手を打って、その場を浄化しましょう。怒りがある状態は、いつまでも精神が怒りの現場に溜まったままになっているのと同然です。早く解決して、時間をもっと幸せなことに使いたいですね。

朝からだるくて、一日中どんよりしていることがある

HAPPYのツボ

朝の日光を浴びて、「目覚めが悪い」「朝からだるい」を解消しよう

朝の日光を浴びると、
カラダのリズムがリセットされ、
眠気が覚めて、
その日一日をスッキリした気分で
スタートできます

人間は、カラダの中に時計を持っているそうです。それは体内時計といって、人間だけでなく動物や植物も、この時計が刻むリズムで活動しています。

体内のあらゆる臓器に体内時計があるともいわれていますが、毎日の生活と密接に関わっているのは、次の5つです。

日周リズム・週周リズム・年周リズム・月周リズム・90分リズム。

心身に起きるさまざまな不調は、この5つの体内時計と実際の生活リズムのずれが一因だと考えられています。

不規則な生活は体調不良につながりやすい、とわかっていても、私たちは仕事優先になりがちです。毎日のように残業が続けば、体内時計と生活リズムにずれが生じるのも当然のこと。すべての不調や治療が必要なほどの病気に効く、とはいえないまでも、体内リズムを意識することは、日々の体調管理に役立つことは確かなようです。

体内リズムを整える方法は、とても簡単。なんとなく不調が続いている方は、今日からぜひ実践しましょう。

朝はカーテンを開けて日光を浴びる 夜はできるだけ光を浴びない

カラダの中にある5つの「時計」とは？

日周リズム

一日約24時間の周期で変動する
最も基本的な生体リズム

週周リズム

食欲、活動量に関係する
7日周期のリズム

年周リズム

気温や環境による
体調の変化と関係する

月周リズム

月経や肌の新陳代謝に
影響する

90分リズム

睡眠のリズムや、
集中力の持続に影響

体内時計をリセットして、生体リズムを整えよう！

- **朝は、カーテンを開けて日光を浴びる**
- **夜は、照明を調節するなどして、光をできるだけ浴びないようにする**

朝、日光を浴びると、脳にある体内時計がリセットされて活動モードに入ります。反対に、夜は、強い光を浴びると体内時計の働きが乱れて、視力と睡眠に悪影響をおよぼし、だるさや疲れがとれない、目の疲れ、筋肉のこり、頭痛といったトラブルが生じることも。室内照明、PCやスマホ、液晶テレビのブルーライトなどの光をなるべく浴びないように心がけましょう。

なぜか家に帰ってもリラックスできない

現代人は夜遅くまでアクティブモード！

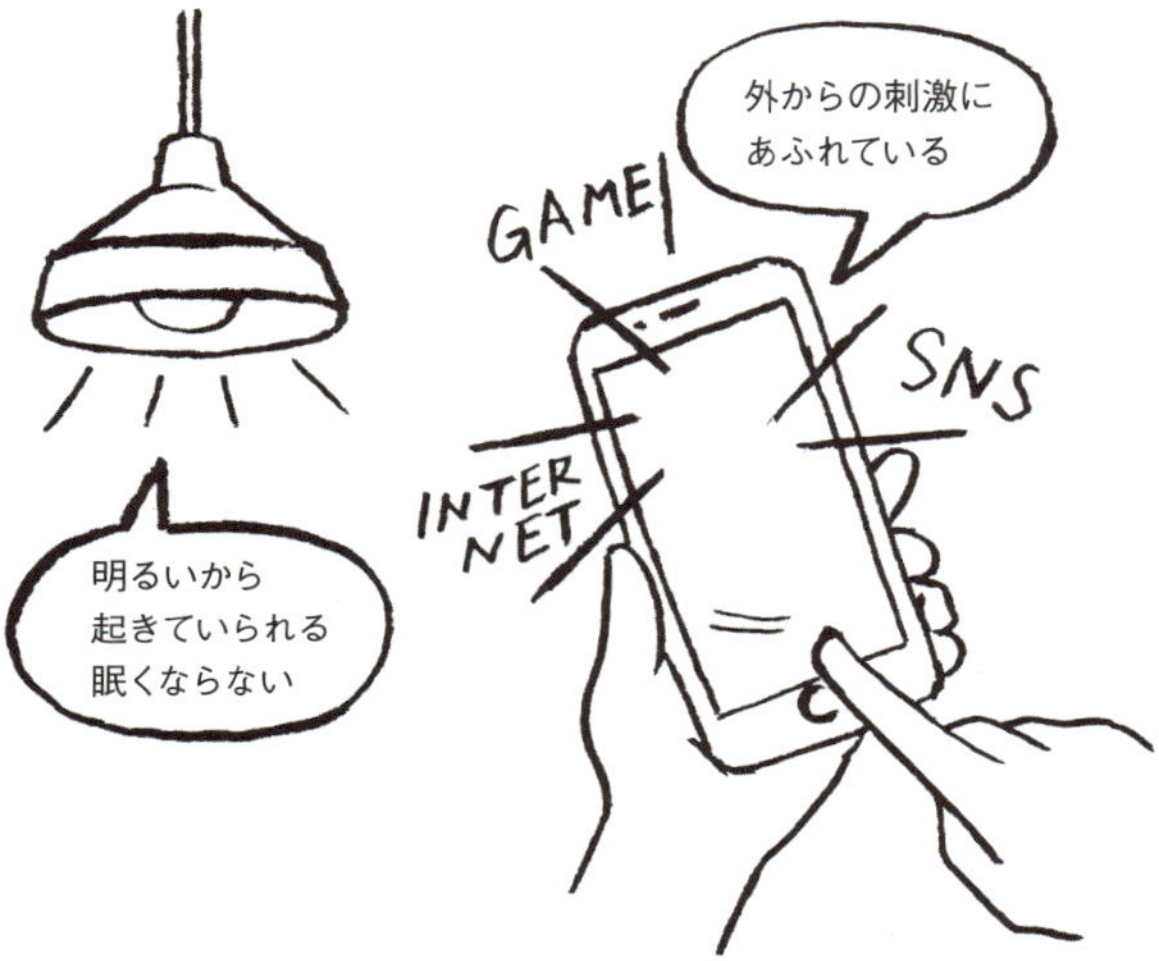
明るいから
起きていられる
眠くならない
外からの刺激に
あふれている
GAME
SNS
INTERNET

仕事はもちろん、プライベートでもスマホを手放せないという方が多いと思います。家に帰ってからも、友人とＳＮＳやコミュニケーションアプリで交流したり、オンラインゲームで遊んだりと、人と関わる時間は格段に長くなっています。

ひと昔前は、独り暮らしで「家ではひと言も話さない」という人がよくいましたが、今ではその気になれば、地球の裏側にいる相手とも会話することができます。それも、すぐそばにいるような感覚で。

寝る直前までスマホなどのデジタル機器を使う生活でカラダと心の複合的な疲労を抱える人が増えているといいます。人と一緒にいることに疲労を感じる「人疲れ」もその１つ。今の私たちには、意識して独りで過ごす時間が必要だと思うのです。

スマホやＰＣから距離を置くことは、人との距離を置くことでもあります。

一日の終わりに、ほんの少しでも「自分らしい自分」に戻る時間を持つ。それは、周囲とほどよい距離感を保ち、よりよい人間関係を育てることにもつながります。

スマホも手放して 1日1回は独りの時間を作る

休みなくく働いている自律神経はバランスを崩しやすい！

アクティブモード

交感神経
心身が興奮してアクティブな状態のときにアクセルの働きをする

リラックスモード

副交感神経
リラックスしているときや睡眠時にブレーキの役目を果たす

理想はバランスよく働いている状態

仕事中は交感神経が70%、副交感神経が30%。睡眠中やリラックスしているときは、交感神経が10%、副交感神経が90%といったイメージ。

独りの時間に意識したい4つのR

Relaxation（リラクゼーション）神経を休める　ヒント アロマセラピー

Rest（レスト）カラダを休める　ヒント 入浴、マッサージ

Recreation（レクリエーション）気分転換　ヒント 趣味など好きなこと

Retreat（リトリート）心身の養生　ヒント 森林浴など自然に触れる

独りを実感できる3つのポイント

1. 他人から**話しかけられない**
2. **他人の視線**を感じない
3. **自然**を感じられる

家の中で独りになれる場所がなければ、ベランダや家の外に出るだけでもOK。深呼吸したり、月を見上げたり、ほんの数分でも独りになる時間を持ちましょう。

HAPPYの種

「孤独」を楽しみ、自分と向き合うことで強くなる、人生の質が上がる

〝人疲れ〟するのは、どこかで他人に頼り、独りになるのが怖いから。人とのつながりが増えている時代だからこそ、人と関わり合いながら、自分を主軸に生きていくために必要なのが「孤独力」です。

はっぴい
COLUMN

「好き」は人生のエネルギー源

自分が「主役」になれる、活躍できる「場所」は必ずある！

小学生の頃の私は、バレリーナになりたくて、それはもう熱心にお稽古に通っていました。発表会で準主役に選ばれるくらいに才能はあるほうだとは思うのですが、小さなお教室でも圧倒的オーラを放つ子がいたのです。

芸能やスポーツは努力だけではどうにもならない世界。そんなモヤモヤを解決してくれたのが「仕事」でした。

書類整理の達人、電話美人……。派手な成果をあげなくても、仕事の場ではそれぞれが「主役」です。自分の得意分野を活かし、誰かに必要とされ、社会の役に立ち、お金までいただける。だから仕事はやめられません。

その結果、心身ともに疲労困憊で悲鳴をあげたこともありますが、今でも仕事は私にとって「主役」になれる場所であることは変わりません。

そして、20年以上前から続けているサンバも、私が「主役」になれる場所。年齢も仕事も異なる数百人が結集し、たまに衝突もしながら同じ目標に向かっていく。一人ひとりが「主役」として輝ける場所は、誰でも必ず見つかるのです。

好きなこと、楽しいことをしているときは、不思議とエネルギーが湧き出てきます。この感覚は、人生のあらゆる場面で役に立つはず。仕事でも趣味でも「好き」と感じることを活かしていく。そうすれば、あなたは「主役」になれるのです。

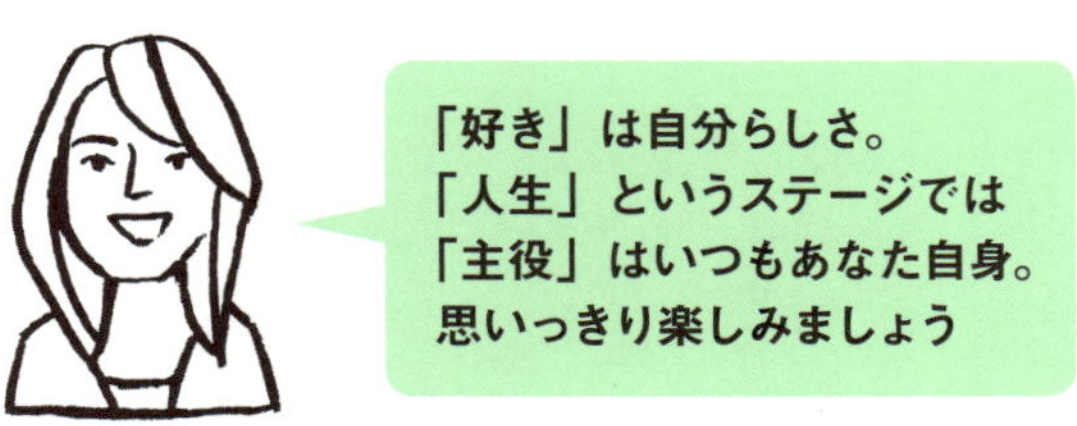
「好き」は自分らしさ。
「人生」というステージでは
「主役」はいつもあなた自身。
思いっきり楽しみましょう

PART 4

〝忙しい〞が〝楽しい〞に変わる仕事のしかた

仕事のスキルや効率がアップすると助かるのは、
誰よりも自分自身。ちょっとしたことで
仕事はめちゃめちゃ楽しくなるのです。

できないことが多すぎる。この仕事、向いていない？

HAPPYのツボ
苦手なのは、自分でハードルを高くしているだけなのかも

スピーチの名手だった父が誇らしかった。その一方で、自分には父のように立派なスピーチは**できない！**と人前で話すことが**苦手**だった。でも、「金沢さんの話を聞くと**元気になる！**」と言ってもらえた。父のようにはできなくても、私は、**私らしい**スピーチができればいいと気づいてから、**人前で話す**ことが私の**仕事の中心**になった。

「なりたい自分」になるには、まだ「できないこと」がたくさんあると思っていませんか？　私たちはつい「できないこと」に注目しがち。苦手を克服するための努力は大切ですが、どうしても「できないこと」は捨ててもいい、と私は思います。

無理に苦手の「壁」を越えても、最初から得意な人には敵いません。それなら、どうしても「できないこと」は得意な人の手を借りて、自分が得意なことに磨きをかけてはどうでしょう。

また人は、「成長したい」「よくなりたい」と思うと、自分に求めるレベルを高くしがちです。自らハードルを高くして「できない」と思い込んでいるだけかもしれません。理想は高くても、踏み出す一歩は小さくてもいい。そう考えると、肩の力が抜けていきます。

難しく考えずにやってみれば「あれ、割とできるな」「こんなこともできる！」と思えることがたくさんあるはずです。ちょっとしたことでも「できた！」という成功体験がやりがいや充実感を満たし、一個人としての成長をも後押ししてくれるのです。

“できない”の「思い込み」を断ち切ろう

同じ体験をしても考え方ひとつで「苦手」は「得意」にできる！

ABC理論は、「出来事に対しての受け取り方で結果が変わる」という心理療法に用いられる考え方。この理論を基に、一緒に作った資料について上司から叱責されたハナコさんとナオミさんの「受け取り方」とその「結果」の違いを見てみましょう。

Activating event
出来事

一緒に作った資料について上司から叱責された

2人は同期入社で仕事の内容も同じ

Belief
解釈（受け取り方）

上司に叱責されたことに対するそれぞれの感情や考え方

ハナコ：

そういう考え方もあるのね。私の力不足だな～

反省・学び・尊敬など
ポジティブな感情

ナオミ：

怒るなんてひどい。私は悪くない！

怒り・ストレス・不満など
ネガティブな感情

Consequence
結果

出来事をどう捉えたかで結果が変わる

ハナコ：

目標ができた！次はほめられる資料を作ろう

得意が増えた

ナオミ：

自信なくした！資料作りは頼まれても断ろう

苦手が増えた

上司の叱責から仕事へのやりがいを見出したハナコさん。同じ出来事に遭遇しても、物事の捉え方で、その後の仕事に対する考え方や方向性も違っていきます。

ちょっとした考え方のコツで目の前の仕事は楽しくなる！

「やる気」のスイッチをONにする方法は？

HAPPYのツボ

0.3秒で切り替え完了！
やる気スイッチは鼻にある！

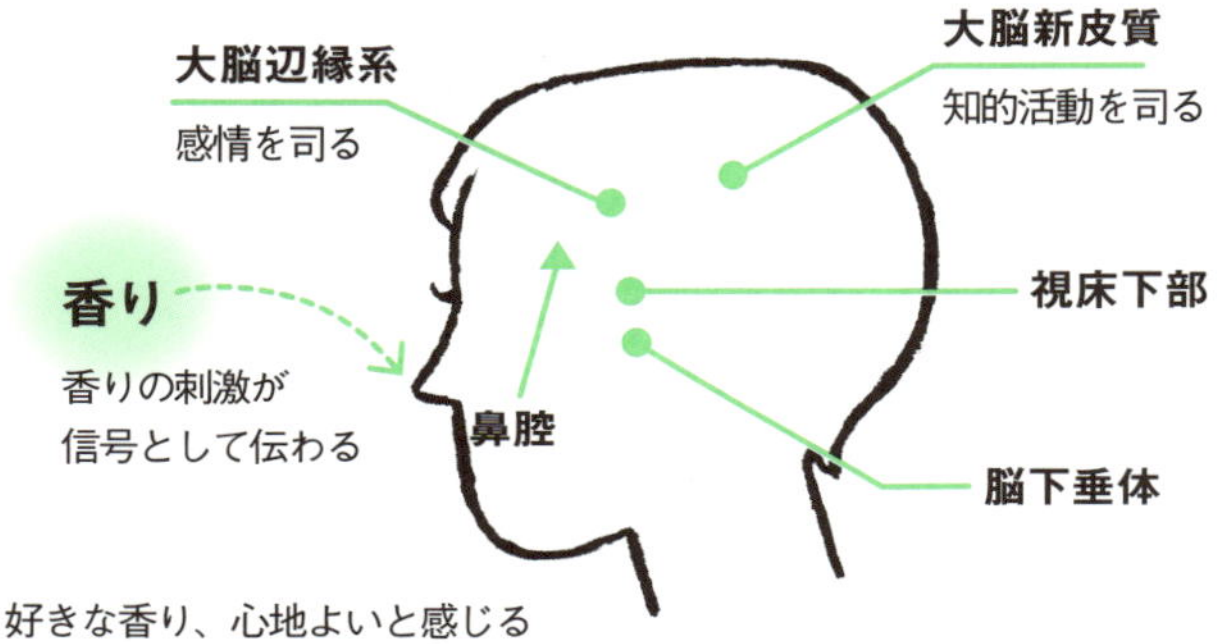

好きな香り、心地よいと感じる香りなら何でもOK！

気持ちのいい朝も、通勤ラッシュのストレスでだいなし……。気持ちの切り替えがうまくできない「困った！」は、誰もが経験していることでしょう。

ある女性は、寝坊してノーメイクで家を飛び出したことがありました。会社に着いて真っ先に向かったのはトイレ。髪を直し、メイクをしてからデスクについた彼女は、「いつもの朝」とは少し違う自分に気づいたそうです。

その日は、なぜかデスクについた瞬間に、気持ちが仕事モードに入っていた、という彼女。以後、出社後にメイクをすることが「朝の習慣」に。上司や同僚に〝すっぴん〟を見られないように早めに出社するようになり、気持ちに余裕が持てるようになったといいます。

気持ちの切り替えがうまくできない人は、この女性の「メイク」のように始業前の「習慣」を持つことをおすすめします。

やる気のスイッチをONにする「朝の習慣」のポイントは、脳に刺激を与えること。朝はまだ多くの刺激を受ける前なので、「香り」を上手に取り入れるのもおすすめです。

「朝の習慣」「香り」「まず始める」で快適ワークのスイッチON

やる気をコントロールする。それは仕事の大切なスキルです

実は簡単！ やる気スイッチをONにする3つの方法

1 「朝の習慣」と「やる気」をひも付けする

ポイントは、いつもやっていることに何か1つ新しい習慣をプラスして、出社から仕事を始めるまでの流れを作ること。

コーヒーをいれる
いつもやっていること

▶

トイレに行って手を洗う
新しい習慣

▶

仕事を始める

2 集中力が落ちてきたら「香り」で脳をリフレッシュ！

集中力の低下は、心とカラダを休めるようにという脳からの司令です。いい香りの飲み物や、好きな香りを楽しんで5分も休憩すれば、やる気が蘇ってきます。

集中力UPに効く香り
ペパーミント、ローズマリー、クラリセージなど

リフレッシュに効く香り
オレンジ、柚子、レモン、グレープフルーツなど

オフィスで香りを楽しむにはハンドクリームがおすすめ。手を動かすたびにフワッといい香りがすれば、リラックス効果はもちろん、清潔感のある印象に！

3 どうしてもやる気が出ないときは「まず始める」

人はいったん行動を始めると、やる気が出て簡単に継続できるようになっている。この「作業興奮」と呼ばれる心理作用を活用するのも一案。

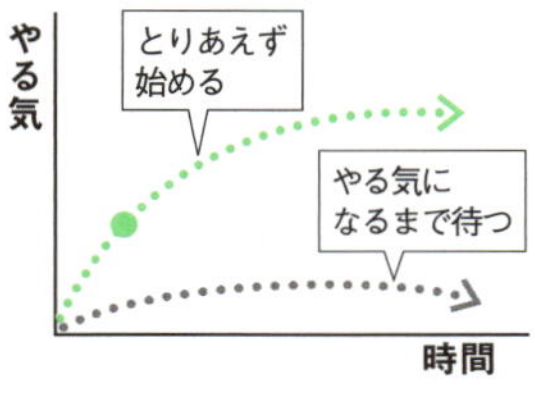

何から手をつける？ 段取りだけで精一杯

HAPPYのツボ

「見える」は「わかる」、「できない」が「できる」につながる

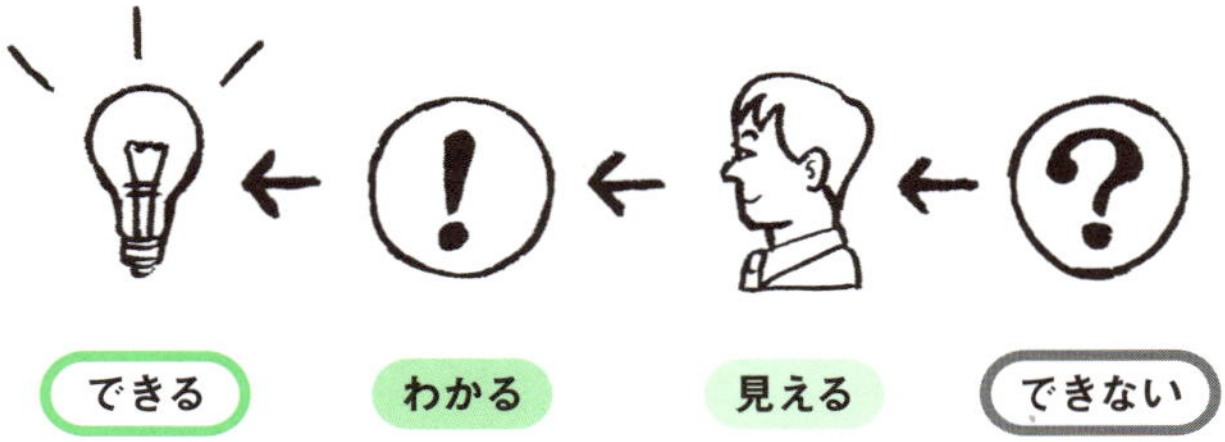

人間が得る情報のおよそ80％以上は視覚（目）によると言われ、物事は「見える」ことでさらに理解を深めることができます。

仕事の効率化に効果があるとされ、最近ではタスク管理のシステムとして「見える化」を進める企業が増えています。

仕事の「見える化」とは、「いつ・誰が・どこで・何をする」か、そして、それぞれの優先順位を目で見て把握できる状態にすること。言葉だけでは具体的な方法はよくわからないかもしれませんが、やってみれば意外と簡単です。

「見える化」の方法として気軽で利用しやすいのは次の3つ。

①付箋に書き出して、ノートや大きめの紙に貼って一覧表示する。
②スマートフォンの標準・無料アプリを利用する。
③タスク管理ツールやスプレッドシートを利用する。

「いつ・誰が・どこで・何をする」かがタスクごとにわかり、かつ全体を見渡すことができれば、現在使っているスケジュール管理アプリを活用してもよいでしょう。

また、これから「見える化」を実践してみようと思う人は、左ページ（P87）でご紹介する「マトリックス」を使う方法をぜひ試してください。

仕事を「見える化」する訓練が、未来の自分を楽にする

見える化することで時間、優先性などさまざまなことが管理しやすくなります

見える化の方法 1　時間管理のマトリックス

タスクを付箋に書いて、ノートに貼っていきます。

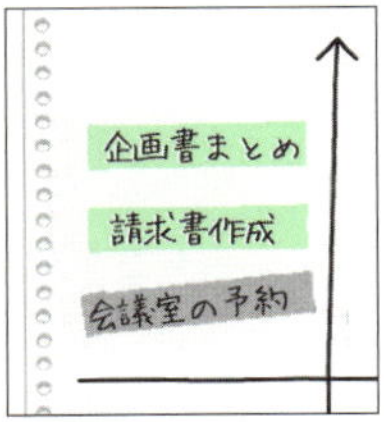

付箋は仕事・プライベートなどで色分け。完了したタスクは一覧から取り除くのもポイント。目に見えて、タスクが減っていくので、達成感が得られます。

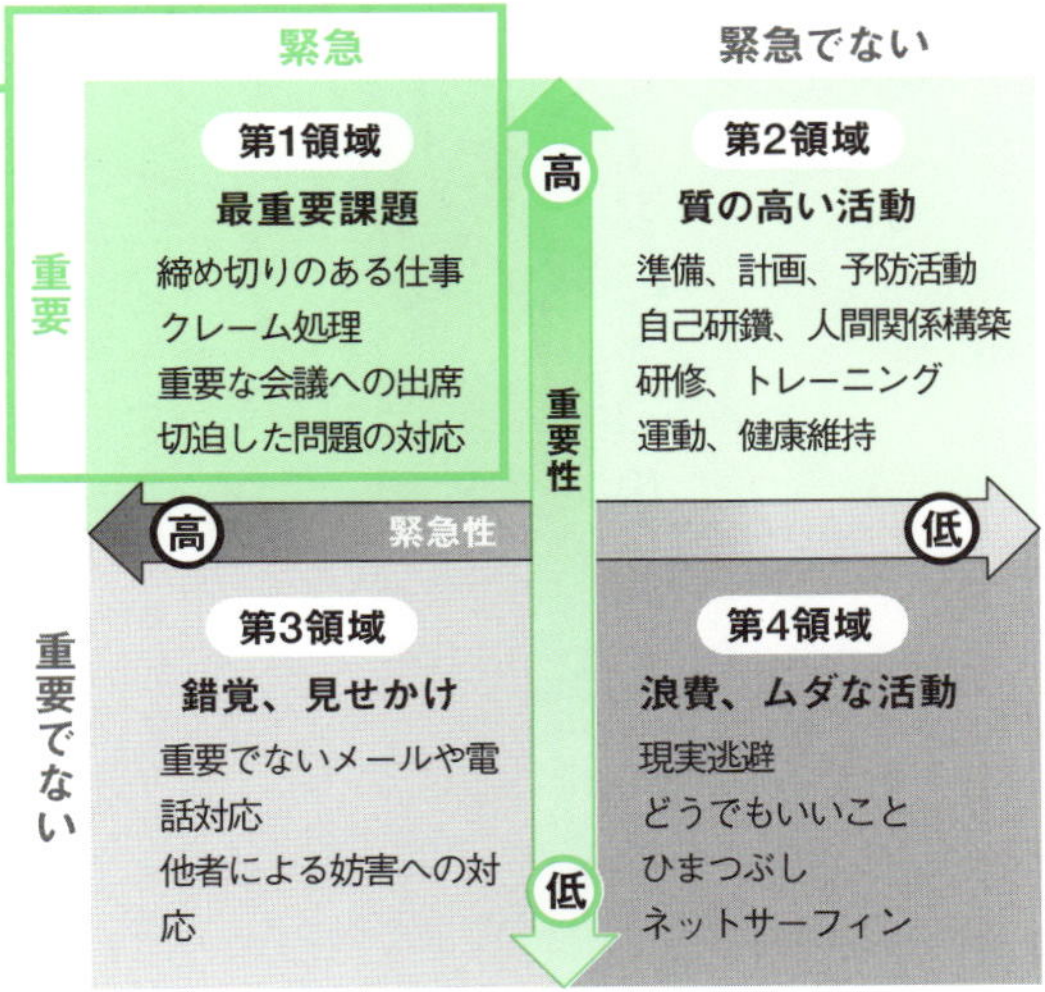

見える化の方法 2　タスクの作業時間を円グラフにする

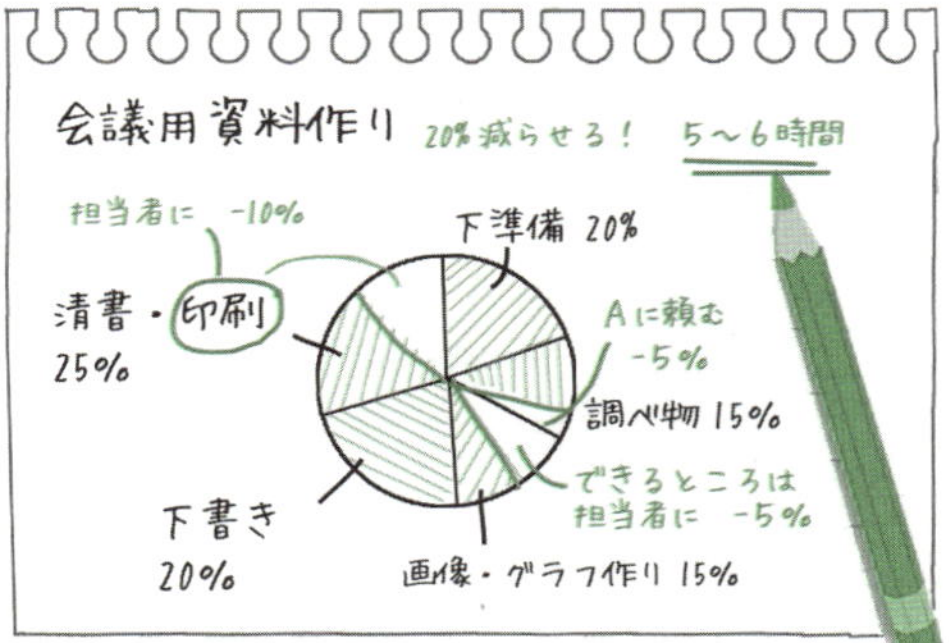

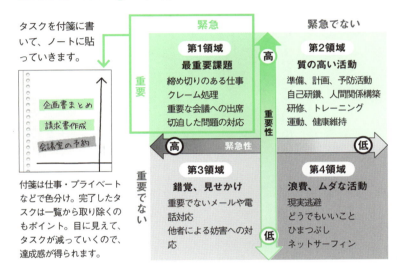

時間に追われてグッタリ。もう少しゆとりがほしい！

HAPPYのツボ

「ながら族」の発想で時間をどんどん生み出そう

いつも仕事に追われていて余裕がない。時間が足りず、ちょっとした作業が積み上がってしまう……。そんな状況は少しの工夫で解決できるかもしれません。

たとえば、あなたが新規の顧客向けの提案書を作るとします。業界に関する情報を集めたり、上司に意見をもらったり、作業は多岐にわたります。

これをたった1社に使うだけで終わらせるのではなく、その提案書をテンプレートにして、「ついで」に、同じような業態の会社を開拓することだってできますよね。

次は「ながら」で時間を活用。時間あたりの密度をもっと濃くすることができます。

通勤電車の中で、英語や中国語の勉強をする。早朝ランニングをしながら1日のスケジュールをたてる……。そんなあなたは立派な「ながら族」です。

こうして捻出できた時間で、自分磨きをするもよし、大切な人のために使うもよし。何をするかは、あなたの腕の見せどころです。

頭が冴える時間帯に合わせて午前と午後の予定を組んでみる

頭を使う作業は、脳が活発に働き、集中力が高まる時間帯に！

ポイントは「空腹時」。集中力が高まる、昼食夕食前は面倒な作業もはかどる！

動物としての本能から脳が活発に働き、集中力が高まるのは「空腹時」。下の表を参考に自分のサイクルを見つけてみましょう。

出社

10:00

↑集中力高め↓

頭を使う作業

11:00

正午

ランチタイム

食後は、集中力が低下し、眠くなりやすい時間帯。頭を使う作業は、時間がかかるわりにはかどりません。

13:00

↑眠くなる↓

活動的な作業

14:00

外回り

来客の応対

15:00

16:00

↑集中力高め↓

頭を使う作業

17:00

終日デスクワークの人は意識してカラダを動かす。

18:00

19:00

午後4時頃からの数時間は、再び集中力が高まる時間帯。午前中に終わらなかった作業やその日の報告書、精算などは、この時間帯にすませておきましょう。

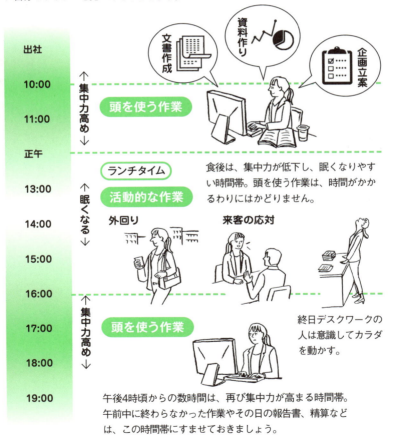

同じ「すぐに」でも人によってずれがある!

HAPPYのツボ

スピード感を表現する3つの法律用語を比べてみると……

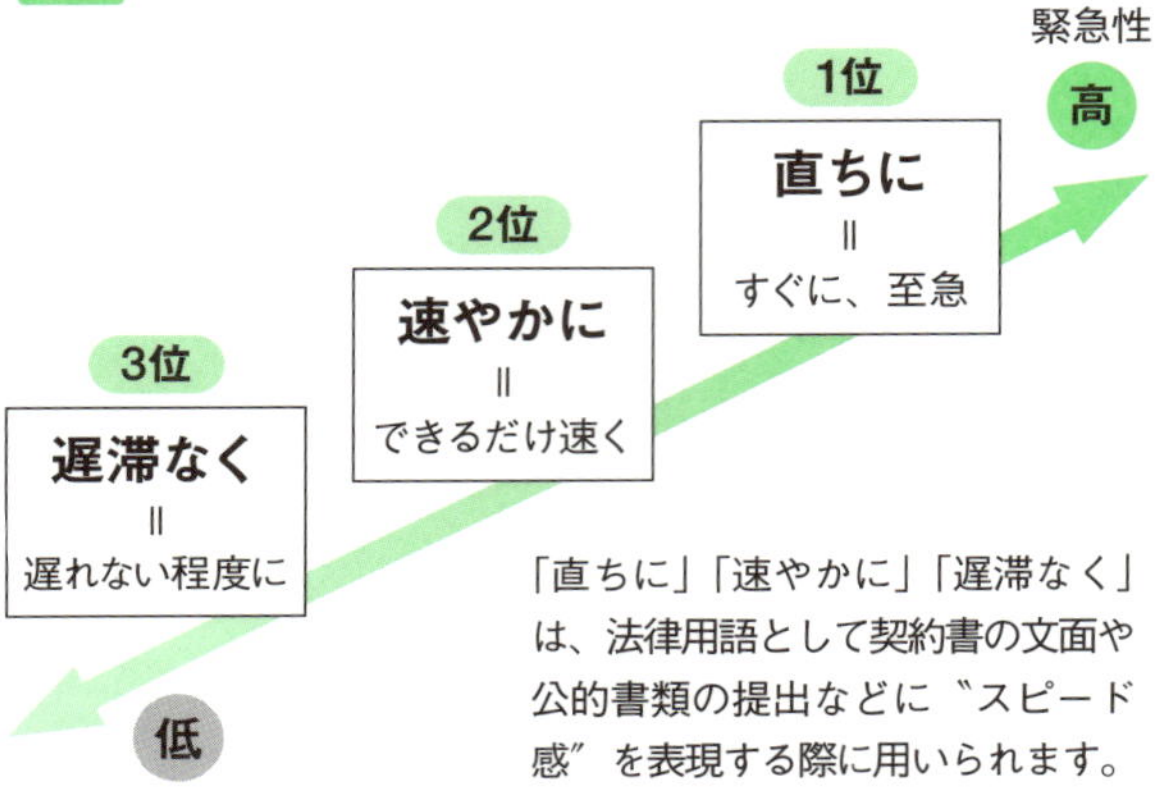
緊急性
高
1位
直ちに
=
すぐに、至急
2位
速やかに
=
できるだけ速く
3位
遅滞なく
=
遅れない程度に
低

「直ちに」「速やかに」「遅滞なく」は、法律用語として契約書の文面や公的書類の提出などに〝スピード感〟を表現する際に用いられます。

人間関係から生じるストレスのひとつに、相手とのテンポのずれからくるすれ違いがあります。

まさにやろうとしていたところで、「あれ、まだ?」と催促されて気持ちが折れた。「すぐやって!」と言われ、夜の約束を泣く泣くキャンセルして残業。翌朝、仕上げた資料を渡すと「そこ置いといて」と言われてしまった……。

「もう〜!」なんてぼやく程度ならいいのですが、このずれが度重なればいつもイライラ。あなたは「明日」、相手は「今日中」と、「すぐ」の感覚が大きくずれていると、仕事の場面では命取りになることもあります。

ムダなトラブルを生まないためには、あいまいな表現をされたら確認することが大切。「すぐ」とは具体的に「今日中」なのか、それとも「明日」でOKなのか。自分が依頼する場合もどんなタイプの人にも理解でき、誤解されない言葉で伝えるように気をつけましょう。

「時間感覚の個人差」を理解し、対応できるようになると〝ずれ〟から生じるストレスも解消。相手にとってあなたは「仕事がしやすい人」になるはずです。

曖昧な表現はトラブルのもと 感覚のずれは期限の明確化で解決！

お互いにムダなく仕事をするために大切なポイントです

あなたと他人の「すぐに」は時差があることを知っておこう

CASE STUDY　上司に仕事を頼まれたAさんの場合

上司：例の資料、**すぐに**作ってくれますか？

Aさん：はい、承知しました

残業して資料を作り、翌日の午前中に上司に提出したところ……

上司：仕事が速いね〜。今週中でよかったのに

イラッとするぐらいならいいのですが、時間の感覚の違いが、仕事の場面では命取りになることがあります。

CASE STUDY　Aさんと取引先の電話でのやりとり

取引先：○○の件ですが、**木曜日まで**に対応してください

Aさん：はい、承知しました

取引先（心の声）：**水曜日いっぱい**で対応してくれるよね

すれ違い発生！

Aさん（心の声）：**木曜日の夕方**くらいまででいいのよね

最悪の場合、取引停止にでもなれば、会社に損害を与えることにもなりかねません。

ところが……

Bさんの場合

Bさん：木曜日の夕方くらいでよろしいですか？

Bさん（心の声）：念のために聞いておこう

取引先：う〜ん、もう少し早いと助かるんですが

取引先（心の声）：木曜日までとは言ったけど……

Bさん：それでは……木曜日の午前中、11時ではいかがでしょう

取引先：無理を言って申し訳ありませんが、よろしくお願いします

Bさん：こちらこそ、ご承諾ありがとうございます。木曜日の午前中に、確認のご連絡差し上げますね

トラブルを未然に防げただけでなく、お互いに譲り合ったことで信頼関係もより強くなります。

仕事の処理能力を上げるためには?

仕事の効率を上げるために大切なのは、一石二鳥を意識すること。たとえば、会議やプレゼンの資料などを作る際、手書きだろうが、デジタルだろうが、まず最初にするのは調べ物です。

自社の新製品のマーケティングを検討する会議用資料を作るとします。手元のデータが不十分な場合、またデータを裏付けるためにも調べ物が欠かせません。

新製品に興味を持ちそうな年代層→ターゲット層に多くの顧客を持つ企業→その企業の販売シェアが高いエリア……。というように調べていると、「前にも調べたような……」と気づくことがあります。

あるいは、あるエリアではA社がシェア率トップでも、周辺エリアではB社が圧倒していることが判明したとき。どちらの場合も、すぐに必要な情報ではなくても、メモをとっておくことをおすすめします。

なぜなら、こうした波及情報は、あとで必ず役に立つから。メモは情報ノートとしてまとめるか、検索しやすいようにデジタル化しておくとよいでしょう。

HAPPYのツボ

大変な仕事も作業ごとなら簡単。完了させるごとに達成感もあり!

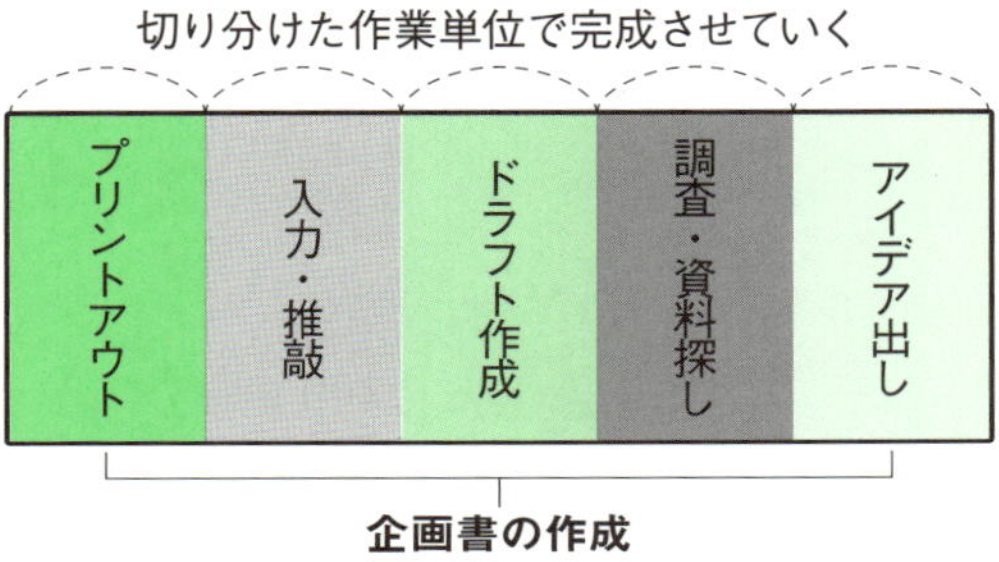
切り分けた作業単位で完成させていく
アイデア出し
調査・資料探し
ドラフト作成
入力・推敲
プリントアウト
企画書の作成

切り分けたタスク単位なら、意外とあっさりできてしまうもの。スモールステップで「できた!」を積み重ねることでその後の自信にもつながります。

資料作りは一石二鳥を意識する。複数のタスクを同時進行で効率アップ

同じ時間で多くの仕事をこなす「マルチタスク」のスキルを磨こう!

仕事全体の質を保って効率アップ！失敗しない「マルチタスク」のやり方

「マルチタスク」は、元はコンピュータ用語で「複数のタスク（作業）を切り替えて実行できるシステム」のこと。私たちが日常的にしている「ウェブサイトを見ながらメールに返信する」や、「野菜を炒めながらお味噌汁を作る」といったことも「マルチタスク」です。

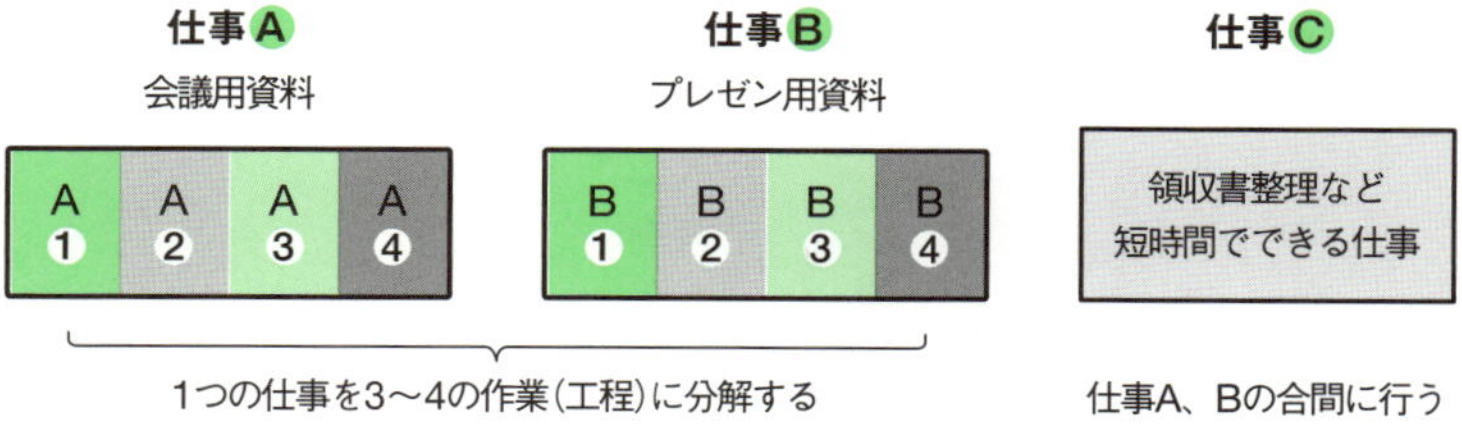

スケジュールの立て方

- 時間配分は1つの作業につき30〜60分を目安に考える
- 作業と作業の間に5分程度の休憩をはさむ
- 作業に飽きたときや空き時間ができたら「仕事C」をする
- 着手する順番に並べ替えて、一覧表にする

スケジュールの例

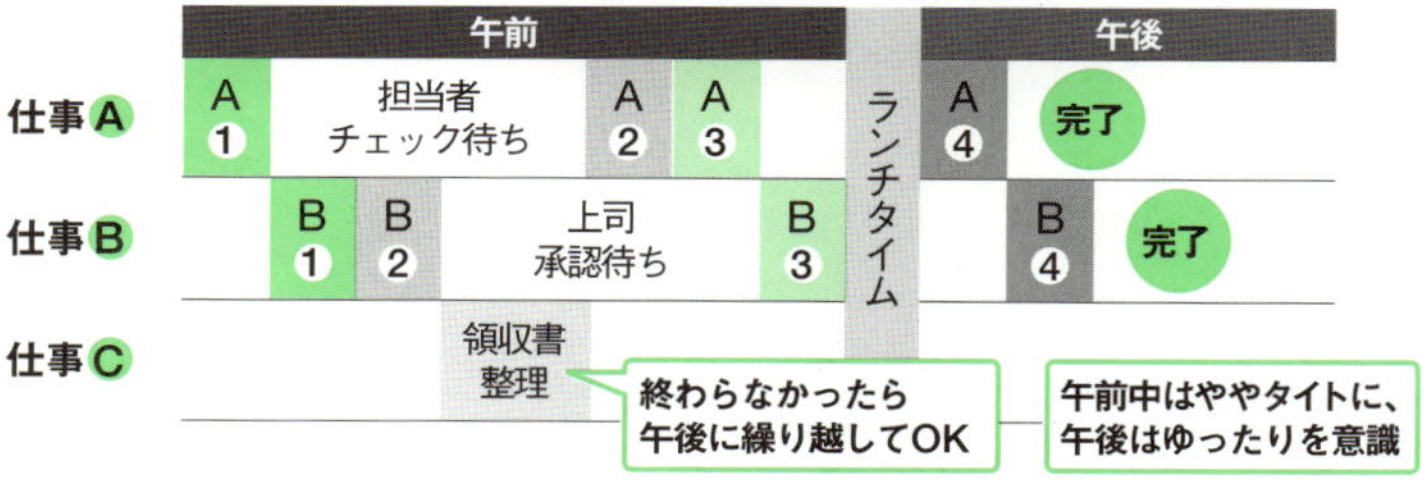

スケジュールができあがったら、あとは順番通りにこなしていくだけ。
途中で緊急の作業が入った場合は、中断したところから再開します。

つい仕事を抱え込んでしまう。誰か助けて！

至急の仕事が入ったわけでもないのに、残業しても予定通りにタスクを消化できない。これは、スケジュール管理がうまくいっていないのかもしれません。

まずチェックしたいのは、ぎっしりと予定を入れすぎていないかどうか。作業や打ち合わせ、他社への訪問など、それぞれが少しずつ長引いてしまうと、その後の予定がずれ込んでしまいます。

その結果、残業でカバーしたり、翌日に持ち越したりして「ずれ込みの」連鎖が起こってしまうのです。期日が迫った仕事を残業でカバーするのはやむを得ませんが、予定を組む際に少し余裕をもたせることも大切です。

そもそも予定を詰め込みすぎるのは「仕事を早く終わらせたい」という気持ちがあるから。はじめから一日で終わらせるには無理なスケジュールを組んだために、連夜の残業になっては元も子もありません。

大切なのは、自分の希望より現実。作業時間を適正に設定し、1週間くらいの期間の中で、余裕をもって作業を行えるように組み立てましょう。

HAPPYのツボ

家事もやらなきゃ——スマート家電で心の負担がちょっぴり軽くなる！

スマホのアプリと連動して遠隔操作できるスマート家電は、働く女性にとって、家事を助けてくれる心強い味方です。

1人で抱え込むのをやめて「助けてもらう」方法を考える

今すぐ予定の見直しを。それでも改善できなければ「ヘルプ」が必要！

仕事が手一杯の状態では、予定の見直しをする気力と時間の余裕はないはず。まずは、すでに決まった予定表で、次の項目をチェックしてみましょう。

- □ ToDoメモなどで「その日」にやることを明確にする→緊急、差し込みの仕事に対応
- □ 予定の前後に余白の時間を入れる→使わなかったら他の作業に有効活用
- □ 訪問の際は目的地への往復プラスアルファで時間をとる
- □ 消化しきれなかったタスクを処理するための予備日を作る

● この見直しは、現状打破のための応急処置。それでも改善されないようであれば、過剰な仕事量を抱え込んでいるのは明らかです。

1人で抱え込む、人に頼めない原因を追い出そう！

気持ちよく引き受けてもらえる「頼み方」4つのポイント

1 「あなただから頼みたい」という理由を明確に伝える

この前の資料が素晴らしくて……。
ナオミさんの感性がぜひ必要なの！

2 相手の都合を最優先する

どれくらいまでにできそう？

3 内容を簡潔に、具体的に説明する

作ってもらうグラフは4つ。
データは用意してあります

4 上司の了解をとっていることを伝える

部長にも相談して
了解してもらっています

仕事のスピードと質を高めるキーパーソンの存在

HAPPYのツボ 上司のダメ出しが気になるなら、提出前に仕事のツボを心得た人にチェックしてもらう

仕事の質とスピードを両立させるのは理想的。しかし、実際は、せっかく仕上げた企画書に上司からダメ出しされて、やり直すことになって結局2倍の時間がかかってしまった、なんていうことが少なくないのでは?

私が知る限り、仕事がデキる人は、ひとりよがりにならないことでこの問題を乗り越えています。思い込みで突っ走らず、仕事を要所要所でチェックしながら進めていくのです。

一見、スピードが遅くなりそうですが、取りこぼしが少なくなるため、結果的に質とスピードの両立が可能に。その際に、重要なのが「キーパーソン」を見つけること。仕事のゴールに辿り着くには、そのスピードと完成度を高めるための「キーパーソン」がいます。上司という決裁者の前に、そのプロジェクトの担当者や責任者である「キーパーソン」と上手に付き合うことで仕事の精度を高めることができるのです。

「仕事のゴール」を決めて「ツボ」を知っている人を間に入れる

「ゴール」から逆にたどれば何から着手するべきか見えてきます

仕事のゴール「上司に提出する報告書の作成」までの3ステップ

STEP 1 仕事の流れから「ゴール」と「キーパーソン」を見極める

仕事には流れがあります。たとえば、「報告書」の案件に部署の3人が関わっている場合

同僚A
取引先との窓口

先輩B
実質的責任者
キーパーソン

上司
報告書の提出先
ゴール

ゴール
報告書を上司が納得する内容に仕上げる。
▼
わからないことは、同僚Aのほうが聞きやすいが、先輩Bのほうが全体を把握している。

STEP 2 報告書を作成して「キーパーソン」にチェックしてもらう

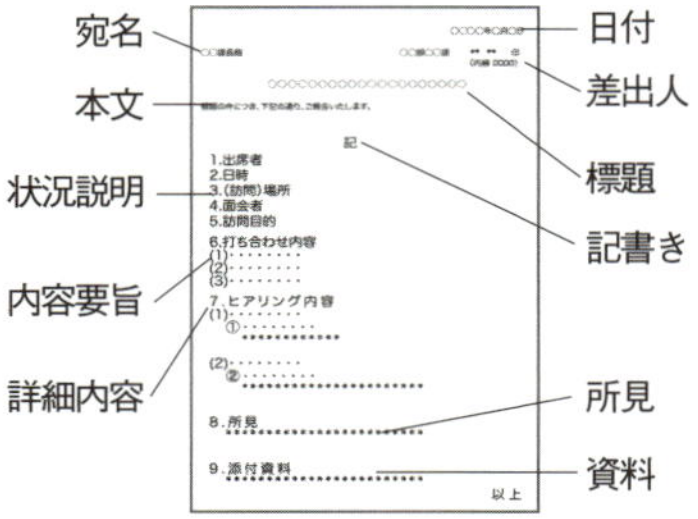

慣れた仕事でも、自分なりに工夫することが大切。報告書などよく作るものは、フォーマットを作成しておきます。

作成後、チェックしてもらう
提出期限から逆算して、手直しする余裕がある時期に先輩B（キーパーソン）にお願いして、報告書をチェックしてもらいましょう。

STEP 3 手直しをして報告書を仕上げ、上司に提出する

大幅な修正の必要があり、提出期限に間に合わない場合は、早めに上司に申し出ます。妥当な理由であれば上司は納得するはず。ただし、延期した期限は厳守します。

不意の依頼や追加作業……他人に妨げられて仕事ができない！

HAPPYのツボ

図解 リアルVOICE

毎日恒例の〝差し込みマン〟を迎え討つ

他部署と共同プロジェクトを進行中。
相手は専任なのでこちらの都合は
お構いなしで、出社すると
「例のプロジェクトだけど……」
と言ってきます。
このままでは通常業務が
段取り通りにこなせない。
何かいい撃退方法はないものか……。
（メーカー企画・34歳）

段取りを制する者が仕事を制す。しかし、他人が関わることを制する者が段取りを制す、これも真なり！です。

自分が立てた段取りの通りに事が進むことが理想ですが、会社はあなた1人で回っているわけでなく、仕事にはアクシデントが付き物。事故や災害は別として、日常起きるアクシデントは、たいてい他人が関わることです。

大半の人は、他人の都合や予定に合わせて行動していないのですから。

そもそも相手はあなたの「段取り」を知るはずもなく、「仕事上の連絡をしたらムッとされたけど、機嫌が悪いのかな」と思うくらいで、自分が邪魔をしたことには気づきません。

だから、再び不意打ちのように邪魔が入って、段取り通りに仕事ができない。こんな負のスパイラルにはまらないうちに「先手」を打っておきましょう。

予測不能の〝邪魔〟を段取りに組み込んでしまえばいいのです。

仕事に想定外は付き物
「見える化」で不意打ちに備える！

何を優先すべきかすぐわかる「見える化」で対応しよう

「段取り通りにできない！」を乗り越えるための3つの提案

1 「見える化」で優先順位を見極める

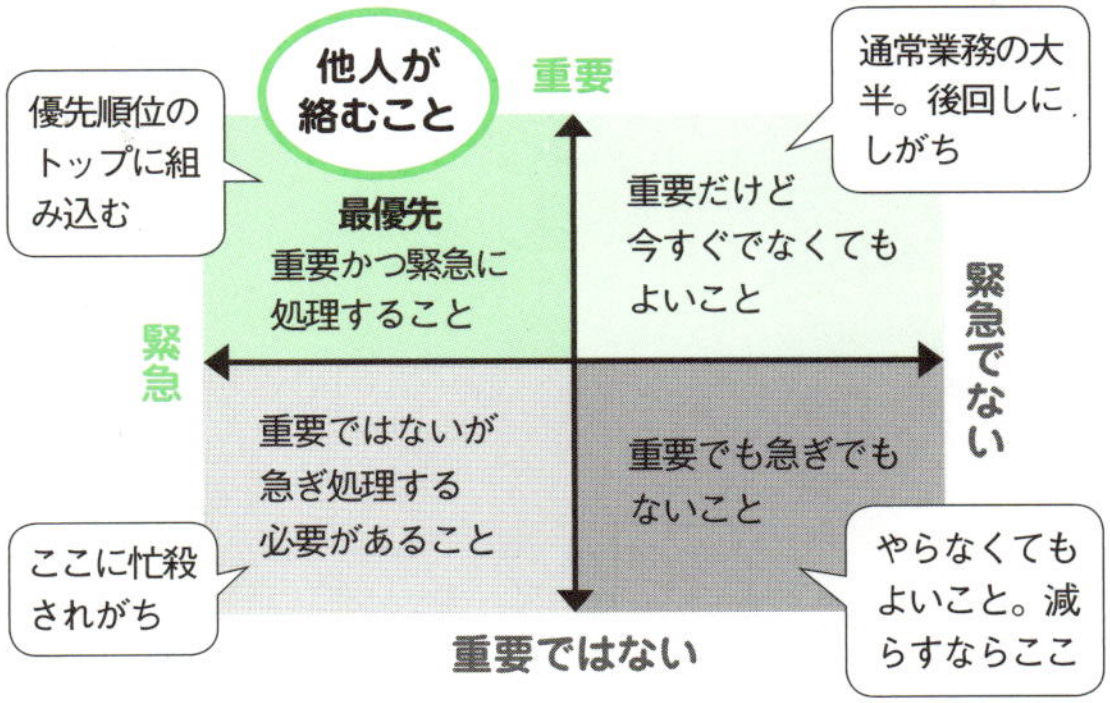

他人に妨げられずに業務を進めるには、仕事の「見える化」がとても大切。「邪魔されて思うように仕事がはかどらない」と感じているなら、まずは自分の仕事の「見える化」に取り組んでみましょう。

付箋を使ったタスク管理表で、差し込み情報を「見える化」する

付箋で色分けする

差し込み分

情報が入った時点で当日の最優先タスクに組み込む。

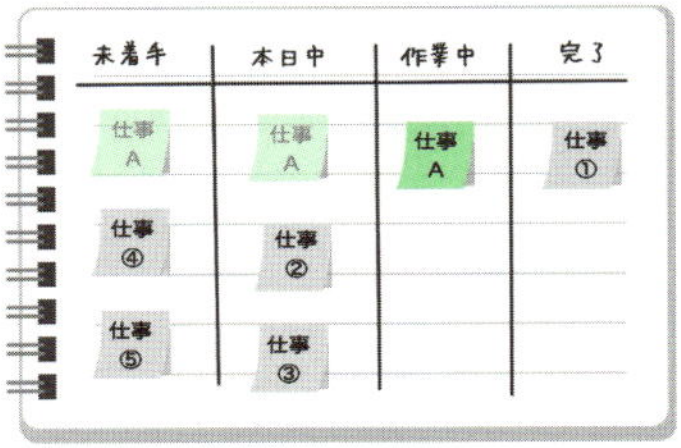

予定していた分

差し込み分は、最優先で処理をし、完了したら、予定通りの段取りで仕事を進めていきます。

2 ルールを設定する

常習的な〝差し込みマン〟には、厳しい態度で応対することが必要。たとえば、追加依頼は、その都度でなくまとめて週1回連絡するといった「ルール」を決めます。こちらも、〝不測の事態〟を予測して予定を組むことができ、相手にとっては、不用意な連絡ミスへの注意喚起になります。

3 代案を提示する

たいてい相手は急ぎのスタンスで依頼してきますが、すべて対応する必要はなし。その場合、「来週ならば引き受けられます」などと代案を提示しましょう。また、予定を「見える化」しておけば、予定表を見せるなど説得の余地を与えない「理由」で応戦することも可能です。

ダラダラと退屈な会議。せめて時間くらい短縮したい！

HAPPYのツボ

ダラダラ会議にメリットなし、
会議の質で会社のレベルが決まる！

ある大手ＩＴ企業は、会議の大半は、資料の説明の時間に費やされることに着目。そこで、資料は前日までに配布し、会議では資料を読み上げず、説明は不明点のみにするよう徹底しました。結果、従来は数時間かけていた会議が数十分で終わるようになったといいます。

このアイデアやＧＯサインを出したのは企業のトップ。一従業員の立場では、ダラダラ会議はやめようとしても、そう簡単に事は運びそうにありません。

でも、あなたにもできる方法があるのです。ヒントは会議室。予約する人の特権ともいえます。

まずは、会議室の予約表をチェック。前後に先約がある時間で予約を入れるのです。ちょうどいいところが空いていなかったら、前は空いていてもＯＫ。後ろに先約のある時間を選ぶのがポイントです。

これなら、「利用の終了時間が迫っていますので……」と注意を促すことができ、時間がくれば嫌でも会議室を明け渡さなくてはなりません。

出席者全員が納得、すぐにできる会議時間の短縮アイデアです。

黙っていては何も変わらない まずは「傍観者」になることをやめる！

「よい会議」にするためにできることはたくさんあるはずです

これならできる！　ダラダラ会議を「よい会議」にする方法

1 会議の時短　会議室は前後に先約がある時間で予約する

1日から6日の間で午後に2時間使用できる会議室の予約を頼まれた場合

① 第1候補
② 第2候補
③ 第3候補

会議室予約表

日付	9時-12時	13時-14時	14時-16時	16時-18時	18時以
1日	先約	先約		先約	
2日			先約		先約
3日		先約		先約	
4日	先約	①	先約		
5日		②	先約		先約
6日		先約	③	先約	
7日	先約		先約	先約	

終業時間にかかる時間帯は避ける。

●の時間も、先約がキャンセルになると延長可能になるので避ける。

2 会議の効率化　短時間で内容充実の「スタンディング会議」

- すぐできる
- 短時間で終わる
- 集中できる
- 眠くならない
- 通常業務をしながらでも参加できる

部署内の数人で、報告や連絡を目的とした会議なら、ホワイトボードの前で立ったまま行うスタイルで十分。立ったままなら眠くならないうえに、スマホやノートパソコンを持ち込むこともないので、いつもは〝内職〟をしている人も意外と活発に発言するようになります。

3 当事者意識を高める　事前に会議の目的と議題を把握しておく

ふだんはダラダラ会議に批判的な人も、社外の会議に出席する立場になると、終了時間まで座っているだけの〝傍観者〟になりがちです。自分はその会議でどんな役割が期待されているのかを想定し、資料にしっかり目を通しておきます。もし、自分が呼ばれた理由がわからない場合は、あらかじめ主催者に聞いておいたほうがいいでしょう。

座って話を聞くだけの会議を有益にすることはできる？

時間を浪費するだけの会議って、実際によくあるんですよね。私の経験上、そういう会議の議題になった案件は、うまく進んだことがありません。

　ダメ会議になる理由の1つは、「ゴール」が決まっていないこと。最初に月間の売上目標を「ゴール」と決めておけば、「3000万円に決定！」の一言で終了。10分ですむこともあり得ます。

　また、中身のない議論が続くと会議は長引きます。どちらも原因は同じ。準備不足が会議の効率を著しく低下させているのです。

「ダラダラ続く会議はいい加減にしてほしい！」

　もし、そう思うなら、会議の準備のお手伝いを申し出ることをおすすめします。

　資料作り、議題や発表内容の検討、進行や会議室の設定……。会議の準備は、プレゼンやイベントの準備とほとんど変わりません。

　自分とは関係のない議題でもお手伝いを申し出れば、担当者は喜んでくれるはず。その結果、あなたの株は上がり、仕事の段取り力も養えて、会議の効率もアップ、得するのはあなた自身です。

HAPPYのツボ

何のための会議か、目的意識をもって会議に臨む

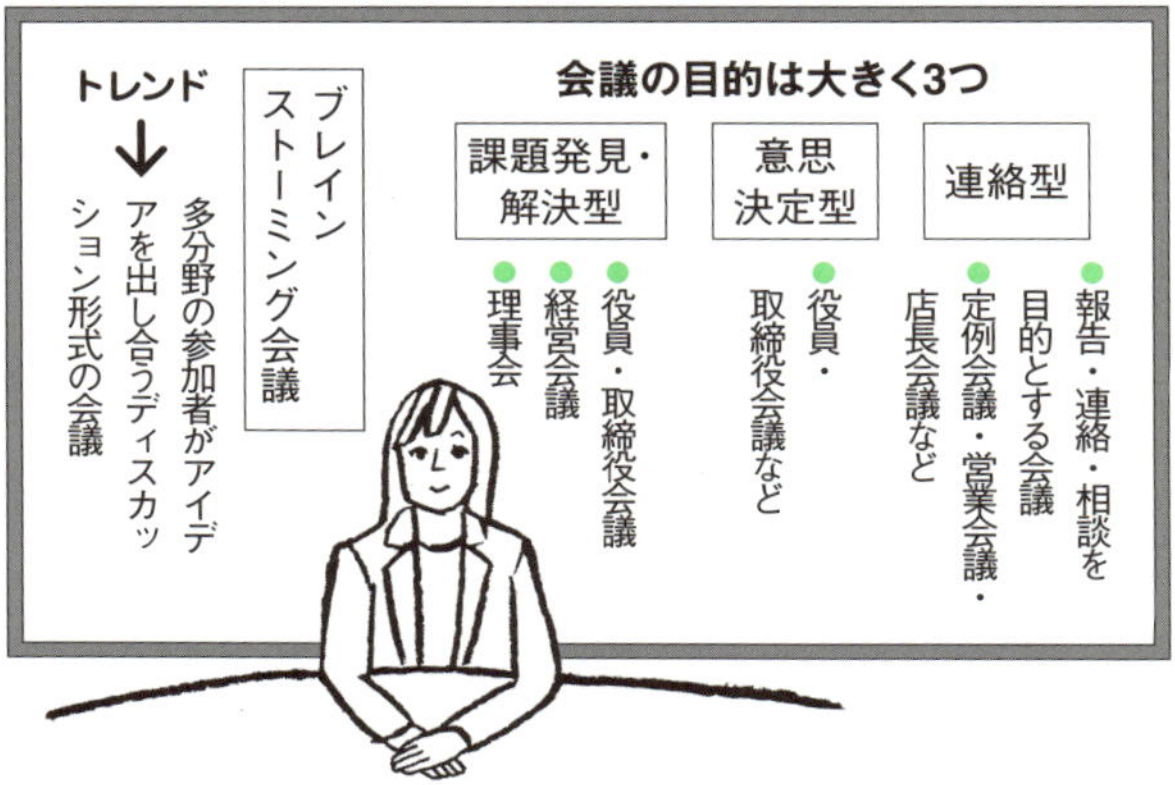
会議の目的は大きく3つ
連絡型
●報告・連絡・相談を目的とする会議
●定例会議・営業会議・店長会議など
意思決定型
●役員・取締役会議など
課題発見・解決型
●役員・取締役会議
●経営会議
●理事会
トレンド
↓
ブレインストーミング会議
多分野の参加者がアイデアを出し合うディスカッション形式の会議

会議の準備に関わることで段取り力も高まる

会議の目的に対する理解が深まり、当事者意識が強くなる効果も！

「準備」と一人ひとりの「当事者意識」で会議は変わる！

「ゴール」を明確にしておく
アイデアや決定事項などは「見える化」してわかりやすく！
「○○するべき」を知る場でなく、「○○しよう」と提案する場にする
新商品の企画
・本日のゴール
各自1件
アイデアを出す
年齢層
高
低
実用性
娯楽性
A
B
C
D
E
F
G
会議の3日前までに「議題」と資料を配布する
メモ程度でも「議事録」を作って終了後に配布する
決定事項の3Wは必ず確認する
WHAT → 何を（内容）
WHO → 誰が（担当者）
WHEN → いつ（期限）
議事録は会議の欠席者や関係者にも配布する

眠気も吹き飛ぶほどおもしろい！　会議で「人物ウォッチング」

会議と飲み会は、周囲の人の意外な一面が見られる絶好の機会です。とくに、その人が仕事に取り組む姿勢がハッキリ見えてしまうのが会議。いい加減に見えて資料にしっかり目を通している、実は情報収集の能力がずば抜けているなど、何ていうこともない発言の中にキラッと光る「よいところ」が見つかるはずです。いつもなら眠くなってしまう会議が、考え方一つで俄然おもしろくなってきます。ダラダラ続く会議は嫌だけど、どうせ出席しなければならないなら「人物ウォッチング」に活用するのも手。

スケジュールで混乱しないスマートなアポ取り術

仕事あるある

「数撃てば当たる」式のアポ取りは成立しても日程調整で大混乱

営業のベテランや有能な秘書でも、アポ取りに苦戦することはよくあります。なぜなら、アポイントが無事に取れた後には、日時変更という〝トラップ〟があるため。1件の日時変更が元で、すべてのアポイントで日程調整が必要になることも少なくありません。

貴重な時間をいただいておきながら、日時を変えてほしいとはなかなか言いづらいもの。精神的にも疲れてしまいますよね。

アポ取りの手間はなるべく省きたいのが本音。効率がよくて、ダブルブッキングの心配も少ないアポ取りのコツを伝授しておきましょう。

また、アポ取りでは電話にするか、メールにするかも悩むところです。基本は、相手の都合のよいときにチェックしてもらえるメールが無難。ただ、アポの申込みメールに電話で返事をくれる方には、やりとりは電話メインにするなど、相手のタイプに合わせることも必要です。

アポ取りは「会いたい」順に優先順位を決めて取りかかる

失敗しないアポ取り 順位づけ～申し込み～成立の確認まで

1 「どうしても会いたい」順にリストアップする

優先順位を決めておけば、面談の候補日をもらった際に実際にどの相手を優先させるかの判断がしやすくなります。

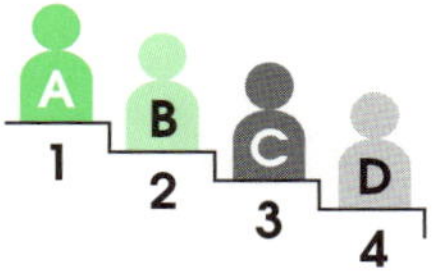

A
B
C
D
1
2
3
4

実際に会うのは「日程が決まった順」でも、優先順位を決めておくことで日程調整の方針が立てやすくなる。

2 優先順位の高い人からアポイントの申し込みをする

連絡の手段は、自分の都合より相手がどちらを望んでいるか、あるいは相手との関係性を意識して、電話とメールを使い分けます。

A
突然のメール、
失礼いたします
→

- 件名、本文ともに「アポイント希望」であることがすぐわかるようにする。
- メールの送りっぱなしは厳禁。翌日中には電話連絡をする。

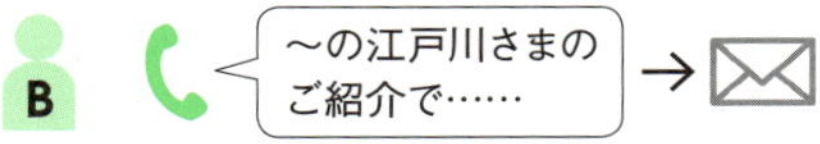

B
～の江戸川さまの
ご紹介で……
→

- 「アポイント希望」の旨を簡潔に伝える。
- 日程や面会の目的など詳細はメールで連絡する。

3 面会日時は2～3候補日をもらって調整する

- 時間は、午前か午後かではなく「10～11時」「14～15時」というようにできるだけ詳しく指定してもらう。
- 自分からアポイントの候補日を提示する際には、幅広い選択肢を用意しておく。
- 日程がすぐ確定しない場合は、NG日を聞いておき、他のアポの候補日に当てる。

4 日程が確定したら確認のメールを送る

電話で日程を確認しても、念のために日時を記載したメールを送ります。言った・言わないなどのトラブルが発生しても、メールは履歴が残るので安心。

日程が確定したとき
A
電話とメールで

面談日の前日
A
メールでリマインド

日程が確定した直後だけでなく、面談日前日にもメールで再確認を。面談の当日、やむを得ない事情で約束の時間に遅れる場合は、できるだけ早く連絡し、到着予定を伝えます。

PART 4　〝忙しい〟が〝楽しい〟に変わる仕事のしかた

返事をくれない、日程が決まらない、アポが取れない！

HAPPYのツボ

1分以内で相手が「会いたい」と思ってくれたら大成功！

初めての相手にアポイントを取る際には、相手との関係性ができていないため、短い時間で相手に興味を持ってもらう必要があります。

電話でもメールでも、未知の人から連絡がきたら、あなたはどう感じますか？　セールストークで押しまくられたら「感じ悪い」と思うだろうし、馴れ馴れしい相手には警戒心を抱くはずです。

きっと相手も同じ。こんな気持ちがどこかにあるので、「嫌われたらどうしよう」「誤解されたくない」と、回りくどくなったり、冷たい印象になったり……。

このとき、気持ちは相手ではなく自分に向いているのです。それでは、相手の興味を惹きつけることはできません。

では、限られた時間、短い文面で、相手に会いたいと思わせるにはどうしたらいいでしょうか。答えは、相手にとってのメリットを簡潔に伝えること。これでOKを引き出す確率がグッと上がります。

これは何もアポイントに限った話ではありません。何かを依頼するとき、仕事だけでなく、プライベートも不思議とうまくまわっていきますよ。

「会いたい」と思わせるメリットをはっきり打ち出す

未知の人だからこそ敬意を気配りで示すことが大事

気配りその1　相手のことを徹底的に調べておく

初対面でも「ご挨拶だけ」の面談依頼はNG。相手の貴重な時間をいただいていることを意識し、手みやげに情報提供を心がけましょう。相手のことを知っておくだけでなく、やりとりの中で、自分の情報を伝えることも大事。メールの署名欄にブログのURLやFacebookのアカウントなどを載せておくと、自分のアピールにも。

気配りその2　日程は終業時刻の1時間前を避けて設定する

「どうしても会いたい」からといって、忙しい人に無理な日程をお願いするのは厳禁。就業時間を過ぎた時間帯はもちろん、勤務時間内でも終業時刻の1時間前までには面会が終了できるように調整します。

気配りその3　相手の話を「聞く」姿勢を打ち出す

✕ ご好評いただいている弊社のサービスについてご説明できれば……

○ 御社のニーズをお聞きしたうえで、弊社のサービスのご説明ができれば……

気配りその4　日時の決定は相手を優先する

✕ 来週そちら方面へ行く都合がありますので、お邪魔してもよろしいでしょうか？

○ 来週の火曜日か水曜日のご都合はいかがでしょうか？

気配りその5　たとえ断られても熱意は伝える

✕ お忙しそうですので、残念ですが、またあらためてご連絡いたします

○ お忙しそうですので、また来週お電話いたします。
そのときにあらためて日程のご相談をさせていただいてよろしいですか？

初訪問、初対面の面談はいつも緊張してうまくいかない！

HAPPYのツボ ときにはお菓子より喜ばれる「情報」というてみやげ

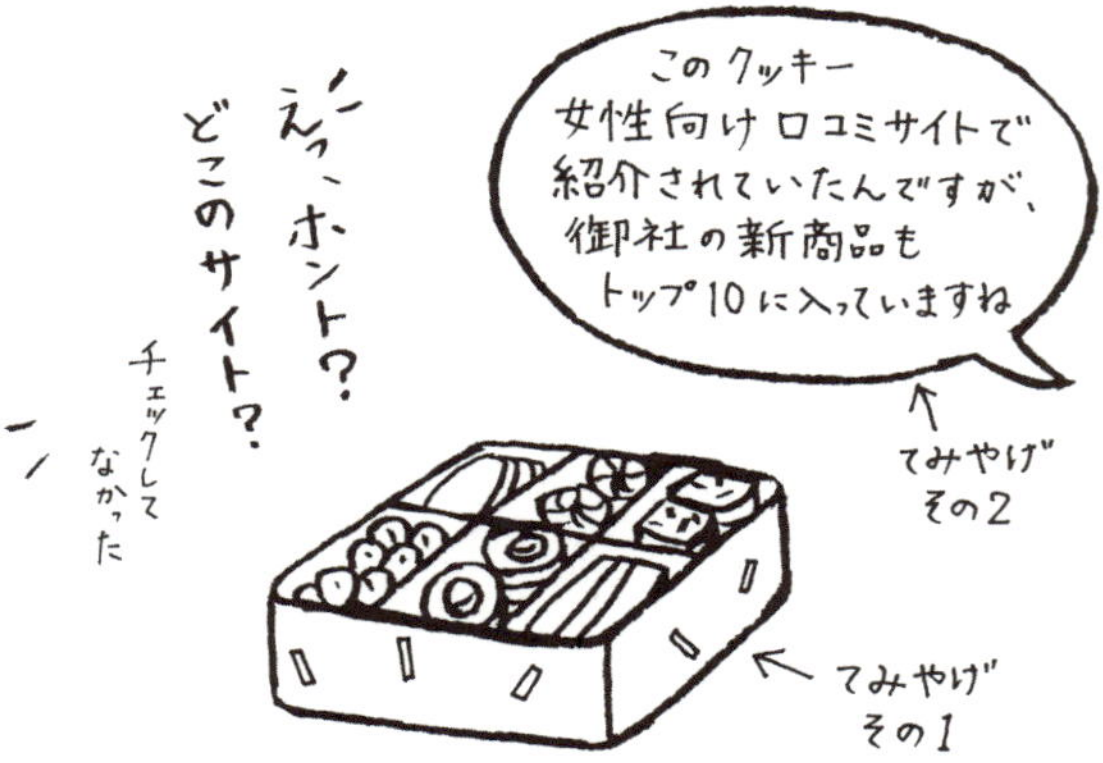
このクッキー
女性向け口コミサイトで
紹介されていたんですが、
御社の新商品も
トップ10に入っていますね
えっ、ホント？
どこのサイト？
チェックしてなかった
てみやげ その2
てみやげ その1

仕事で初めての方とお会いするときは、相手に役立つ情報、つまり「てみやげ」を持っていくように心がけています。

役立つ情報といっても、堅苦しく考える必要はありませんよ。

相手の会社のホームページを見れば、力を入れている商品やサービスなどの情報を得ることができますし、個人的にフェイスブックやブログをやっているケースも多いでしょう。

そんなところから相手の興味関心を知り、事前準備をするのです。

面談を申し込まれることが多くなった今、事前に何の情報収集もせずにいらっしゃる方が案外多いことを残念に思っています。

すでに人間関係ができあがっている相手なら問題ありません。ところが、初対面でこちらのホームページも見ていないのが、話の端々で垣間見えたらどうでしょう。面談までに時間がないなど事情があったとしても、初めて会う人に理解してもらうのは無理。仕事に対する基本姿勢だと受け取られてしまうのです。

あなただったら、このような人と「仕事をしたい」と思いますか？

緊張するのは相手も同じ初訪問はお互いを知る場と考えて

訪問前の準備が大事。できる範囲で情報収集を！

マナー通りではうまくいかない「初訪問」の処方箋

訪問前に、できるだけ相手のことを知っておく

- **相手の会社のホームページくらいは必ず見て、最新情報をチェックしておく。**
- **SNSやブログの情報をチェックする。**
- **紹介者がいれば、人となりや紹介者とのつながりを聞いておく。**

「こんな感じの人かなぁ」と想像はしていても、実際に会うとなると緊張するのは当然。会社名と名前を知っている程度で、共通項もわからない状態で話をするのは、お互いに気疲れするものです。でも、多少なりとも相手のことを知っておけば、共通の話題も見つかり、初対面でも打ち解けた雰囲気にもっていきやすくなります。

初対面、初訪問であっても「顔合わせ」だけで終わらせない

初訪問の最大の目的は、相手をよく知ること。面談時間が60分だとしたら、45分はヒアリングに費やすくらいの気持ちで、相手の話にじっくり耳を傾けましょう。次回訪問を約束する際、相手の予定が不明の場合は、連絡を入れる日時を聞いておきます。

名刺を忘れたら速達で届ける

あってはならないことですが、万が一名刺を忘れた場合は、帰社したらすぐに速達で送ること。お詫びのひと言も必ず添えましょう。

飲み物を出されたら遠慮なくいただきます。
基本的にかばんは床に置くもの。自分の足元の右側に置いておきましょう。

はっぴい COLUMN

スキマ時間は自分のために使う！

5分・10分・20分で できることリスト

日々の生活のなかには、ちょっとした「スキマ時間」が発生します。移動中の車内や打ち合わせまでの待ち時間など、たった5分でも1日、1週間、1ヵ月単位で考えると、かなりの時間になります。

本を読む、音楽を聴くなど仕事とは無縁に思えることが、意外なところで仕事に役立つことがあります。仕事をするにも、休憩するにも中途半端な短い時間は、さまざまなことからの「インプット」で視野を広げることに使ってみませんか？

5分あったらできること

スマホでメールをチェック／スケジュールの確認／ToDoリストの確認／かばんの中の整理

10分あったらできること

メール返信／電話をかける／経費の領収書の仕分け／本を読む／映画や美術展などのチェック

20分あったらできること

書店に立ち寄って本を買う／共有スケジュールのチェック＆入力／新聞やビジネス書を読む

20〜30分あったら、カフェなどに入ってくつろぎながら、日報を書く、企画のアイデアを書き出す、資料を読むなどまとまった作業もできます。

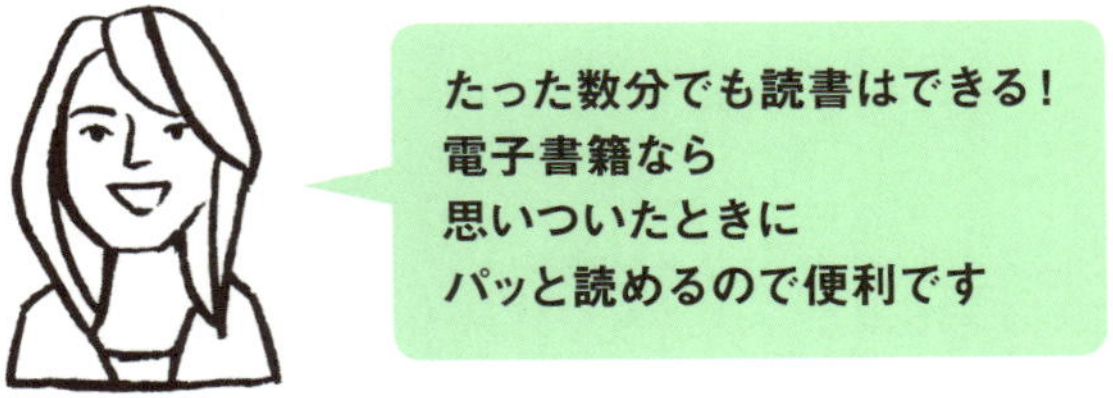
たった数分でも読書はできる！
電子書籍なら
思いついたときに
パッと読めるので便利です

PART 5

苦手ではすまない
人前・対面で話すコツ

人前で話すことへの苦手意識を克服する。
それは〝自分らしく〟あるために
自分と向き合うトレーニングでもあります。

プレゼンや商談なんて無理！ 緊張してうまく話せない

HAPPYのツボ

「新しい知識」を自分に教えると、話す・聞く能力がダブルUPする

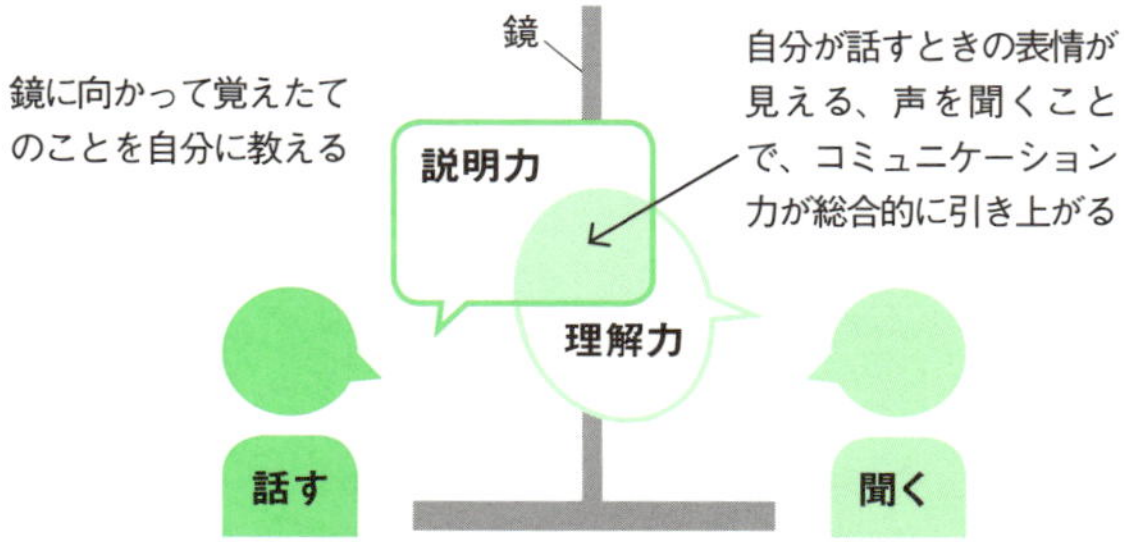

話す → 理解していないとうまく説明できない

聞く → 記憶した情報についての理解がより深まる

「プレゼン」や「商談」など、日常会話とは比べ物にならない緊張感に満ちた「話す」場面。担当業務によっては「そんなこととは無縁」と思う人もいるでしょう。でも、企画や起業などいつかやってみたいことがあるなら、知っておいて損はありません。

「だったら話術が不得手な私には無理」と諦めるのも、ちょっと待った！「プレゼン」も「商談」も、話術やコミュニケーション能力の高さより大切なのは「説明力」。いかに相手の心を引きつけるか、その根っこにあるのは「ハート」です。

ただし、話術に長けていて努力する人は無敵。各界で超一流と呼ばれる成功者は、そういった人たちです。

そして、「困った！」「できない！」がたくさんあっても、努力する人も無敵です。なぜなら、失敗と向き合うチャンスが多いから。工夫することで、むしろ「伸びしろ」は大きいといえるでしょう。つまり、「困った！」「できない！」の数だけ、夢の実現へと一歩ずつ近づいているのです。

自信がない人ほど
実はプレゼン・商談上手になれる

失敗もトレーニングのうち。人前で話す機会をたくさん作ろう

日常会話とプレゼンの「話す」の違い

「話す」ことはとても日常的な行為です。それが、プレゼンのように大勢の前で「話す」となると自信がない、緊張して頭の中が真っ白になるのは、次の２つのことに慣れていないからです。

- **知らない人、それも不特定多数の人と話すことに慣れていない。**
- **自分が伝えたいことを整理したうえで説明することに慣れていない。**

しかも、プレゼンに対人スキルはあまり必要ない！

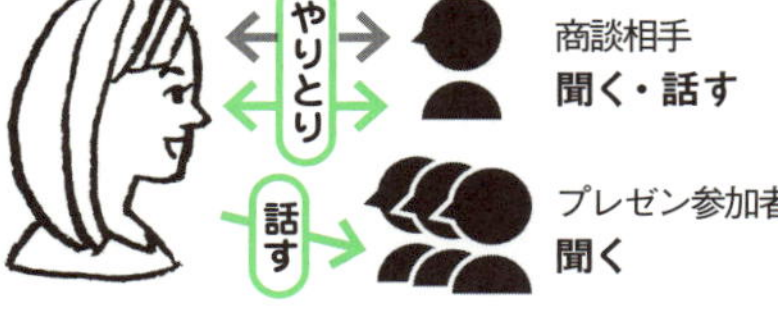

プレゼンでは、発表者が一方的に情報を発信＝話します。わかりやすく説明することが重要な課題になりますが、商談のようにやりとりをしながら話を深めていく「対人スキル」はあまり必要ではありません。

大切なのは「準備」と「練習」
話術は、会話で磨かれていきます

チームで行う場合は「適材適所」を優先。練習しても「発表者は荷が重い」と感じたら上司に申し出て、原稿作成や資料作りなど自分が得意なこと、プレゼン後のアフターフォローにも積極的に関わって、その経験を今後に活かしましょう。

プレゼンに初挑戦。失敗したらどうしよう

HAPPYの種

技術不足や緊張を力に換える〝初回限定〟を活かそう

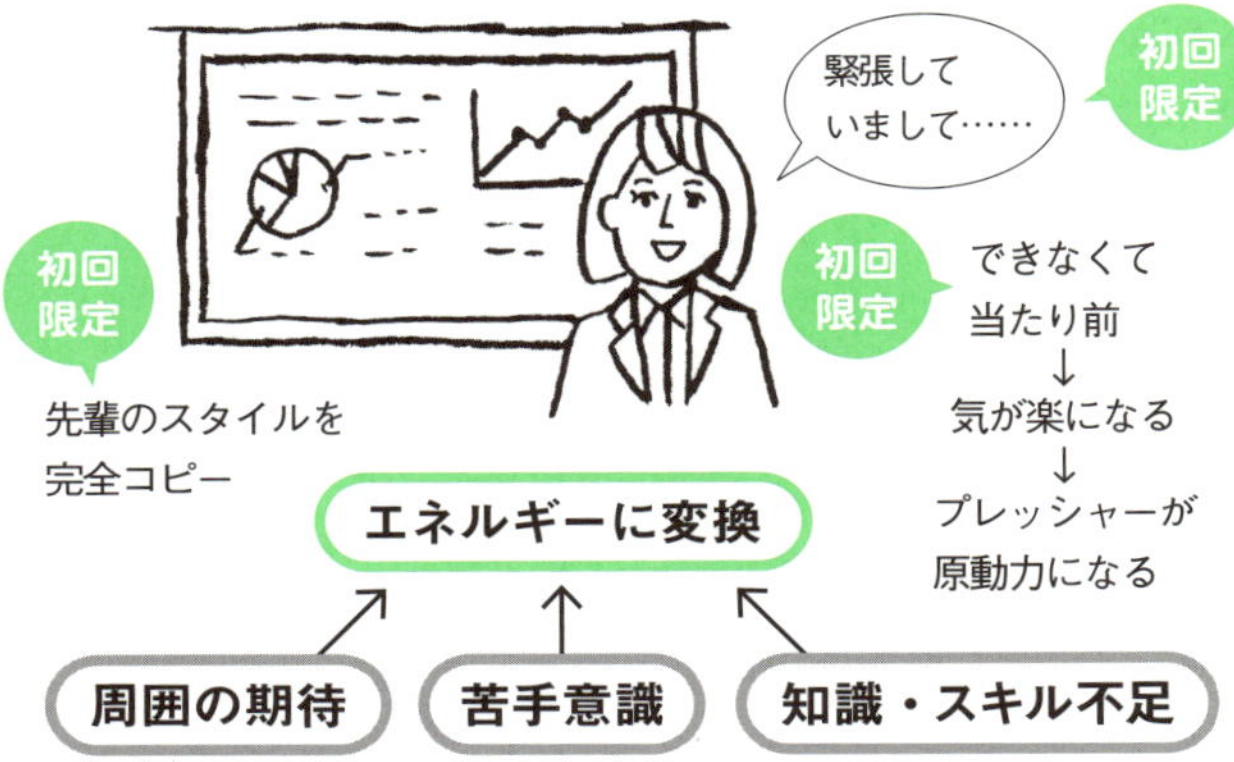

あなたがプレゼン未体験であれば、部署の定例会議でデビューを飾ってはどうでしょうか？　会議に出たことさえない、そういうポジションにない、という人にもチャンスはあります。

もし「やりたいこと」があるのなら、先輩や上司に掛け合ってみましょう。ダメでもともと。却下されても、やる気を見せたことで確実に足がかりは作れるのです。

また、親しい先輩が担当するプレゼンは、拝み倒してでもお手伝いしましょう。構成、資料作りといったノウハウがわかる！　そんな好機を逃す手はありません。

発表者としてだけでなく、多くのプレゼンを見てきた経験からいうと、成果につながるプレゼンには「準備6・本番3・アフターフォロー1」という法則があります。

6割を注ぐ「準備」には、資料やスピーチ原稿の作成、練習、会場の設営、さらに発表当日の進行通りに行う「リハーサル」と内容は盛りだくさん。しかし、「ここを押さえれば9割は成功」といえます。もしうまくいかなくても大丈夫。相手が納得するまでアフターフォローすればいいのです。

プレゼン成功の法則は準備6・本番3・アフターフォロー1

準備と練習がしっかりできていれば本番は楽勝！

成功するプレゼンの3要素

出席者に	要素	内訳
見える	内容	伝えたいメッセージ・実現した際の有益性など
見える	見せる技術	資料・スピーチ・演出など
見えない	準備	構成・資料作成・スピーチ原稿作成・演出法の検討・リハーサル・設営など

準備 → 押し上げる → 内容・見せる技術

〝魂を込める〟心構えで行った「準備」は、「内容」「見せる技術」からなる当日のパフォーマンスを押し上げます。

CASE STUDY 「上司を説得する」でプレゼン力を磨く

Aさんの場合
企画を1つに絞って企画書を提出

Bさんの場合
本命＋2＝3つの企画を提示
資料を添えて口頭で説明

パッとひらめいて徹夜して考えたんです～
提案書に書いた通り……
絶対ウケると思うんです
資料のグラフにあるように……
○○さんと△△さんにも賛同いただいています
3件それぞれの違いは……
今回は見送り！
プレゼン決定！
ただの思いつきだな
私にはウケないけど……
文字ばかりでわかりにくい
なるほど……
あの2人が賛成しているなら……
3件めがとくにいい

HAPPYの種

上司を説得することから「準備」ははじまる。「心をつかんで人を動かす」プレゼン力を磨こう

いくら提案しても上司のGOサインが出ない場合は、複数の案から「選ばせる」「裏付けデータをつける」を試して。とくに、男性上司に対しては、いかに私情を交えず、中立なアプローチができるかがカギです。

プレゼン大成功……のはずが、その後の反応が薄い

「自信がある」フリをするだけでも自信が湧いてくる！

胸を張って、背すじをピンと伸ばして、まっすぐ前を向く

いよいよ発表当日。「大丈夫、うまくいってる」と自分では思うのですが、参加者の反応はイマイチなんてこともあります。

資料の出来が悪い？　スピーチが下手？　頭の中で、自分の「ダメなところ」がグルグルと渦巻いてしまうことも。でも、案外プレゼンにおける最重要ポイントを忘れていることが多いのです。

それは「わかりやすさ」。どんなに面白い企画、優れた製品であっても、その有効性が相手に伝わらなければ、成果につながりません。

準備に時間も気合も十分にかけた。言いたいこと、見せたいことは、すべて盛り込んだはず……、そこが落とし穴です。

プレゼンの限られた時間内では、情報が多すぎると本当に伝えたいことがぼやけてしまうのです。

大切なのは、聞き手の目線に立つこと。メッセージが明確であるほど、資料がシンプルなほど、聞き手は「よいプレゼンだった！」と感じます。

何よりプレゼンは「わかりやすさ」が命。そこで、お手本としておすすめするのが、ニュースやワイドショーなどのテレビ番組です。

プレゼンの話す・見せる「わかりやすさ」のお手本はテレビ番組

意識してみるとテレビ番組はプレゼンのコツだらけだった！

人前で話す・見せる・引き込む3つのお手本

見せ方のお手本は
ワイドショー
資料やスライドは
1ページ／1テーマ
スピーチのお手本は
ニュース番組
原稿を読み上げる速度
1分間に300字
視線

聞き手を引き込むお手本は「バラエティ番組」の司会者

「キーパーソン」「角の人」「うなずく人」と視線を送る。自分の視線を安定させ、落ち着きのある雰囲気を演出して聞き手を引き込む。
※「キーパーソン」とは、発表案件の実現に影響力や決定権を持つ人物。

HAPPYの種

人にわかりやすく説明するには、自分が理解できるように、伝えたいことを整理しておくこと

プレゼンは「やりたいこと」の実現に向けたプロセスの1つにすぎません。真の本番はその先にあることを忘れずに！

プレゼンはあとの「ひと押し」が大事

HAPPYのツボ

自分の将来にも大きなメリット。「アフターフォロー」で得られるもの

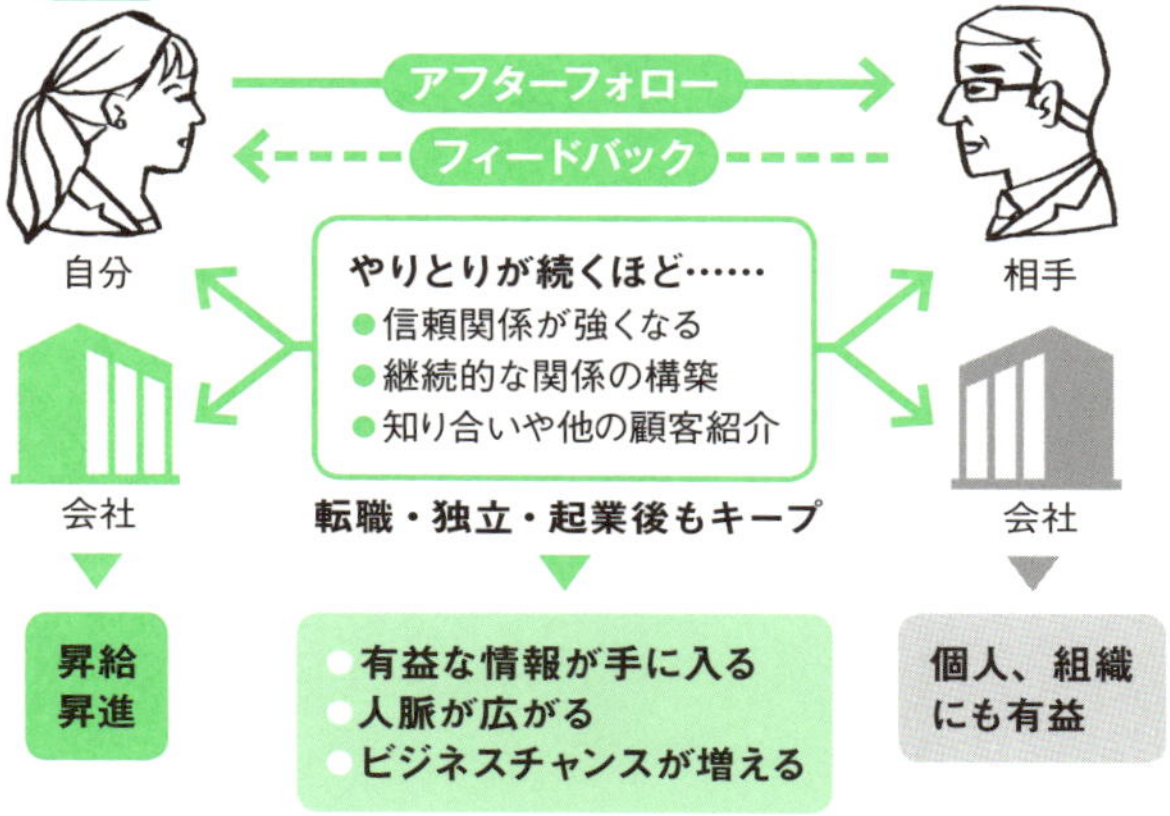
アフターフォロー
フィードバック
自分
相手
やりとりが続くほど……
信頼関係が強くなる
継続的な関係の構築
知り合いや他の顧客紹介
会社
会社
転職・独立・起業後もキープ
昇給
昇進
有益な情報が手に入る
人脈が広がる
ビジネスチャンスが増える
個人、組織にも有益

私の知り合いの経営者が「クレームはラブレター」と言っていました。

商品やサービスに関するクレームとはちょっと違いますが、プレゼン後の評価や反応は、社内外からの「ラブレター」。それを聞いて「そうか、ダメ出しは次の動き方のヒントになるんだ」と、プレゼンに対する緊張感が少し軽くなりました。

「プレゼンテーション＝提案・提示」した企画や製品を成果につなげていくことが、実は発表そのものよりも重要なことです。

プレゼン成功の法則では、「アフターフォロー」の気合配分は「1」。でも、その後の成果を左右するという点では、その威力は無限大といえるでしょう。

提出したのに、上司からいい返事がもらえない企画、参加者の反応が薄い、引き合いがないなど「失敗かな」と思えたプレゼンも「アフターフォロー」次第で、大逆転に導くことができるのです。

発表の出来が悪くても気にしない！「アフターフォロー」で成果につなぐ

プレゼンは〝つかみ〟。達成の計は「アフターフォロー」にあり！

「アフターフォロー」で相手のどこを理解する？　何がわかる？

ただプレゼンの感想を聞くだけでは、後ろ向きだった人をこちらに振り向かせ、行動を起こしてもらうのは至難の業。「アフターフォロー」では、「気づき」によって、発表内容に対する興味、改善点や反論などポジティブな意見も含めて、今後のプラス材料になる情報を引き出すことが大切です。

	自分が知っている	自分が知らない
相手が知っている	開放の窓 open self	① 盲点の窓 blind self
相手が知らない	② 秘密の窓 hidden self	③ 未知の窓 unknown self

「ジョハリの窓」
対人関係における「気づき」のグラフモデル

① 相手の言動から気づくこと
興味のない理由、発表内容の改善点、反論など。
▶今後の展開や新規の企画に活かす。

② プレゼン中の反応、アンケートなどで気づくこと
漠然とした疑問に対して、相手が言い出す前に明解な回答を提示する。
▶信頼感アップ、相手の気持ちが前向きになる。

③ 話の中でお互いに気づくこと
実現化、運営の具体策、問題点など意見を出し合う。
▶熱心さ・誠意をアピール、相手に当事者意識を持ってもらうことが一段と興味を引き寄せる。

忘れずに準備！　アフターフォローToDoリスト

- □ 出席者からの質問を想定し、回答を用意しておく。
- □ プレゼン中に気づいたことは忘れないうちにメモしておく。
- □ プレゼン当日・後日の質問、問い合わせに対応できるようにしておく。
- □ 出席者に「○×形式」など回答しやすい方法でアンケートをとる。
- □ チェックシートを用意し、発表後すぐに準備から当日までを振り返る。

これも大切！　アフターフォローのアフターフォロー

- **担当が変わる場合はなるべく早く知らせる。**
- **担当を飛び越えてコンタクトしない。**

社内の役割分担や異動で自分が担当から外れる場合は、なるべく早く相手に知らせます。そして、後任の担当者には、相手の人柄や趣味など自分が知る限りの情報を伝えておくこと。また、個人的に親しくなった相手でも、仕事のことでコンタクトを取る際は、必ず担当者を通すようにします。

名刺交換した相手になかなか覚えてもらえない

人間は、自分の名前を「心地よい音」と感じるのだそうです。

ざわついた街中では、自分に必要のない音や声は無意識のうちに「雑音」として排除します。ところが、身の危険に関わる音と自分の名前は、すぐ耳に入って振り向くことができる能力が自然に備わっているそうです。

また、ある実験では、会話の中で相手の名前を呼んだ場合と、呼ばなかった場合では「印象に違いが生じる」という結果が報告されています。男女を問わず、名前を呼んだときのほうが「もう一度会ってみたい」と、相手に対して好印象を持つのだそうです。

そこで、私は、名刺交換したらすぐに、会話の中で相手の名前を呼ぶことを意識してやっています。

「名前を呼ぶ」は、ビジネスだけでなく恋愛においても心の距離を縮める効果大！　人見知りや話し下手でも、名前を呼ぶだけでこちらの好意を示せるのです。

とはいえ、まだ「つかみはオッケー」の段階。名刺交換をした相手に「また会いたい」と思ってもらえる、仕事につながる出会いについて考えてみましょう。

HAPPYのツボ

指先は〝第二の顔〟。手のお手入れを忘れていませんか？

名刺を差し出すとき、相手の目に真っ先に飛び込んでくるのは**手**

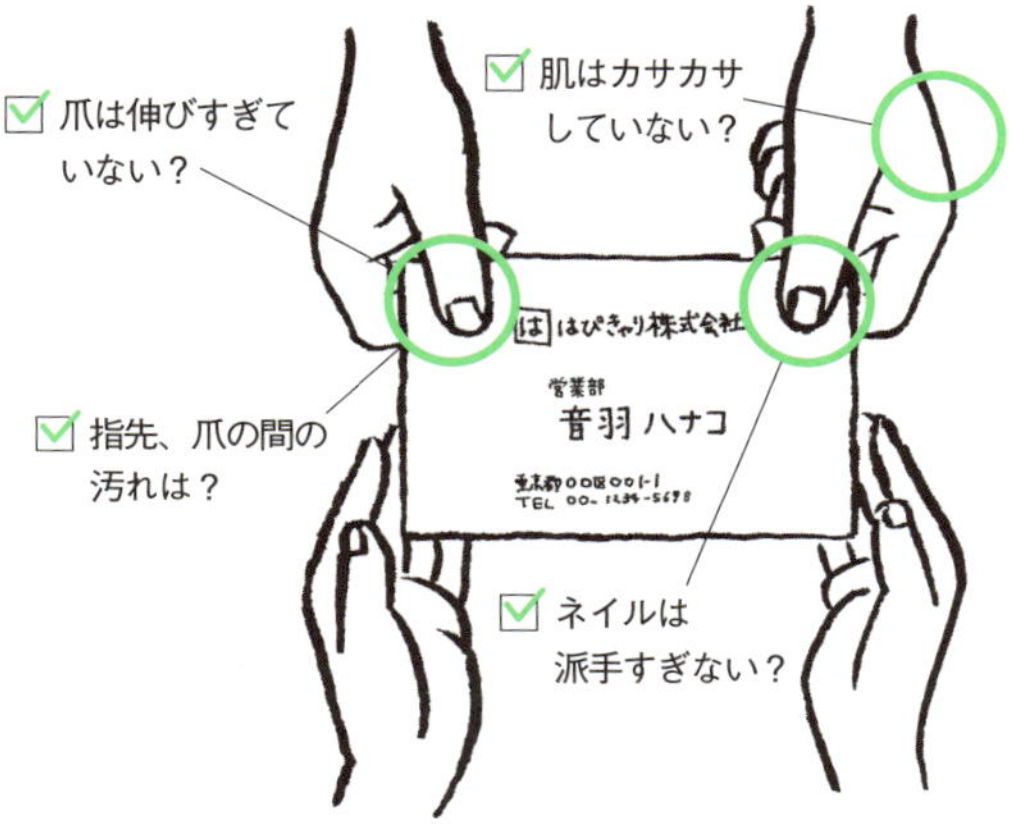
爪は伸びすぎていない？
肌はカサカサしていない？
指先、爪の間の汚れは？
ネイルは派手すぎない？
はぴきゃり株式会社
営業部
音羽ハナコ

自分が「覚える」が先、名刺交換したらすぐに相手の名前を呼ぶ

「覚えてもらう」より先に、相手を大切に思う気持ちを伝えよう！

基本忘るべからず！　名刺交換の基礎知識

名刺交換は何度もしているから大丈夫、なんて安心してはいけません。慣れているからこそ忘れていることは意外と多いもの。また、マナーに縛られずに、状況に応じて相手を敬う気持ちを表すことも大切です。

名刺交換は「格下→格上」の順で行うのが基本

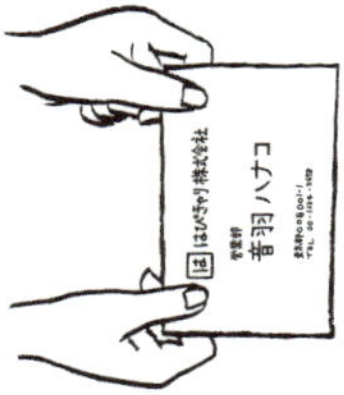

両手で差し出す

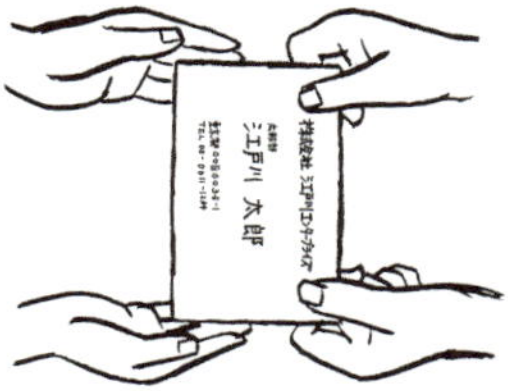

両手で受け取る

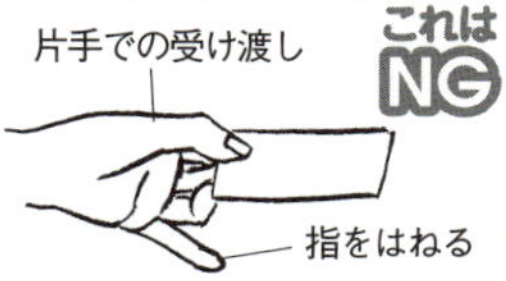

もののの受け渡しは必ず両手で。指先は軽くそろえたほうが手の表情が美しい

基本的に発注側が「格上」、受注側が「格下」に当たります。商談では、一般に訪問者が「格下」となり、商談相手の役職が、自分より下位であっても、訪問者が先に名刺を差し出します。

受け取ったらその場で、会話の中でも名前で呼びかける

名刺を交換したその場で

江戸川さん、
メールでのお返事
ありがとうございました

会話の中で

江戸川さんは
弊社の○○に
ご興味おありですか？

後日、電話でも

（相手が名乗ったら）
江戸川さん、お世話に
なっております

最初は少し違和感があるかもしれませんが、相手の名前をより早く覚えられ、短時間の訪問でも相手との心の距離が近くなります。
それは、相手も同じです。名前を呼ぶ＝覚えたということは、大勢の中の一人ではなく特別な存在として認められたということ。呼んでくれた人に対する好印象や信頼感アップにつながります。

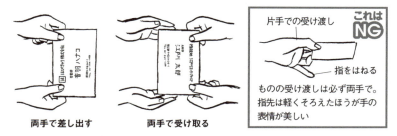

商談に大苦戦。雑談ばかりで本題に辿り着けない

HAPPYのツボ

相手との距離を縮めるには、聞いてもらうより話してもらう

挨拶・名刺交換
↓
アイスブレイク
軽い話題を提起する程度で、なるべく相手に「**話してもらう**」。相手の関心事を見つけ、本題に入るきっかけにする。
↓
本題（訪問の目的）
本題に入ると相手は「聞く側」になりがち。ときどき質問をして、相手に「話してもらう」ことで、相手が聞く一方でなく「**話し合った**」という印象になる。
↓
クロージング

その結果
↓
相手の気持ち「話を聞いてくれる」 好感度UP 信頼感UP

商談の流れ
（自分がセールスで訪問する場合）

　商談やプレゼン、会議も「相手を引き付け、心を動かす」ことが大切なのは変わりません。この3つのなかで難易度が高いのは「商談」。準備にも商談そのものにも時間の制約があり、対面でのやりとりには対人スキルが必要だからです。

　ところで、お客様との商談での本題とは、何だと思いますか？「売り込みたい商品やサービス」は、あなたにとっては大切なことですが、いきなり商品の説明をはじめても相手に興味を持ってもらえるかは疑問です。

　人には「よくしてもらうとお返ししたくなる」という性質があります。その観点からいえば、お客様が話したいこととは「最大の関心事」。それは、来期の人事のことかもしれませんし、家族のこと、趣味などプライベートなことかもしれません。

　商談なのにおかしいと思うかもしれませんが、相手が話したいこと＝本題は、今一番気にかかっていることなのです。

　では、それをどうやって聞き出すか。私の経験から編み出した2つのコツを紹介します。

雑談は〝商機の鉱脈〟相手を知り、距離を縮める場にする

相手が話したいこと＝本題を引き出す２つのコツ

初対面の雑談は〝相手が話したいことを見つける場〟と捉えてください。大切なのは、あなた自身も会話を楽しむこと。お客様からさまざまな話を聞くことが、自分自身の知識の幅を広げることにもつながっていることをお忘れなく！

相手の特徴から話題をふる

的外れでも、返事から次の話題をふるきっかけが作れます。

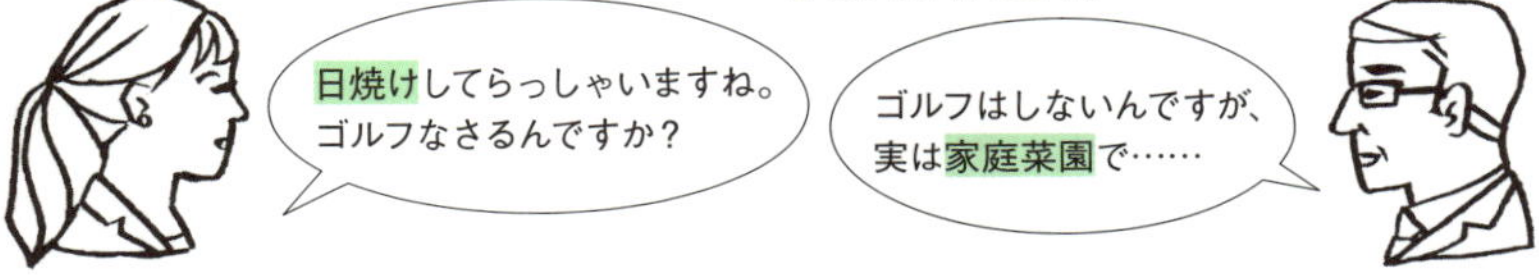
日焼けしてらっしゃいますね。ゴルフなさるんですか？
ゴルフはしないんですが、実は家庭菜園で……

季節に関係する話題をふる

適当な話題を思いつかないときに便利。こちらも、相手の返事から話題を発展させていくことができます。

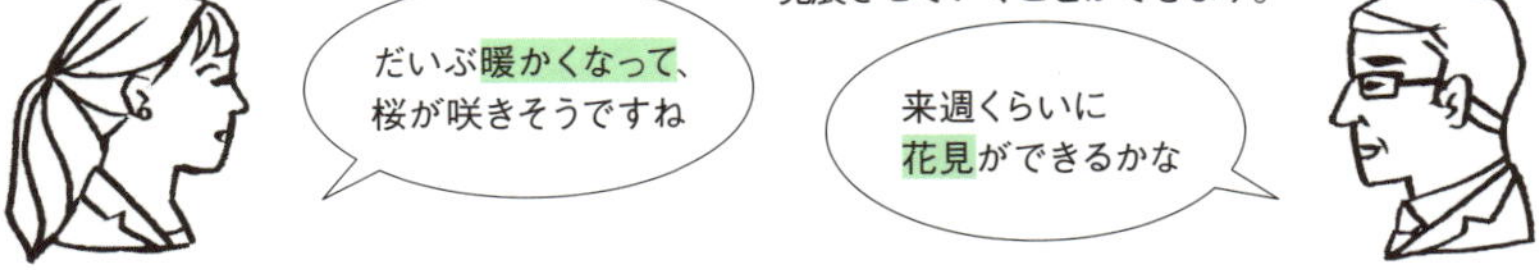
だいぶ暖かくなって、桜が咲きそうですね
来週くらいに花見ができるかな

雑談を制するために覚えておきたい キキドニタテカケシ衣食住 と 政宗の皿

OKネタ

キ 季節 ◎　ド 道楽（趣味）◎　ニ ニュース △
タ 旅 ○　テ 天気 ◎　カ 家庭 △　ケ 健康 △
シ 仕事 ○　衣 ファッション△　食 グルメ ○　住 住まい △

◎＝相手を選ばない　○＝初対面では避けたほうが無難　△＝相手によって注意が必要

NGネタ

政《まさ》 政治　宗《むね》 宗教　の 野球　皿《さら》 サラリー（収入）

趣味や旅行は会話が盛り上がる話題ですが、相手の話を聞くという姿勢を忘れないこと。時事ネタ（ニュース）や家庭、健康など、△マークがついた話題をふる際は、プライベートな部分に立ち入らないように気をつけましょう。

とくに、個人の思想、信条に関わるような話題は厳禁。相手からふられたとしても、さりげなく別の話題を出して話を逸らすようにします。

聞き役に徹していたら会話が途切れて困った!

HAPPYのツボ

相手はこちらの関心度を、表情やあいづちなどで総合的に判断している

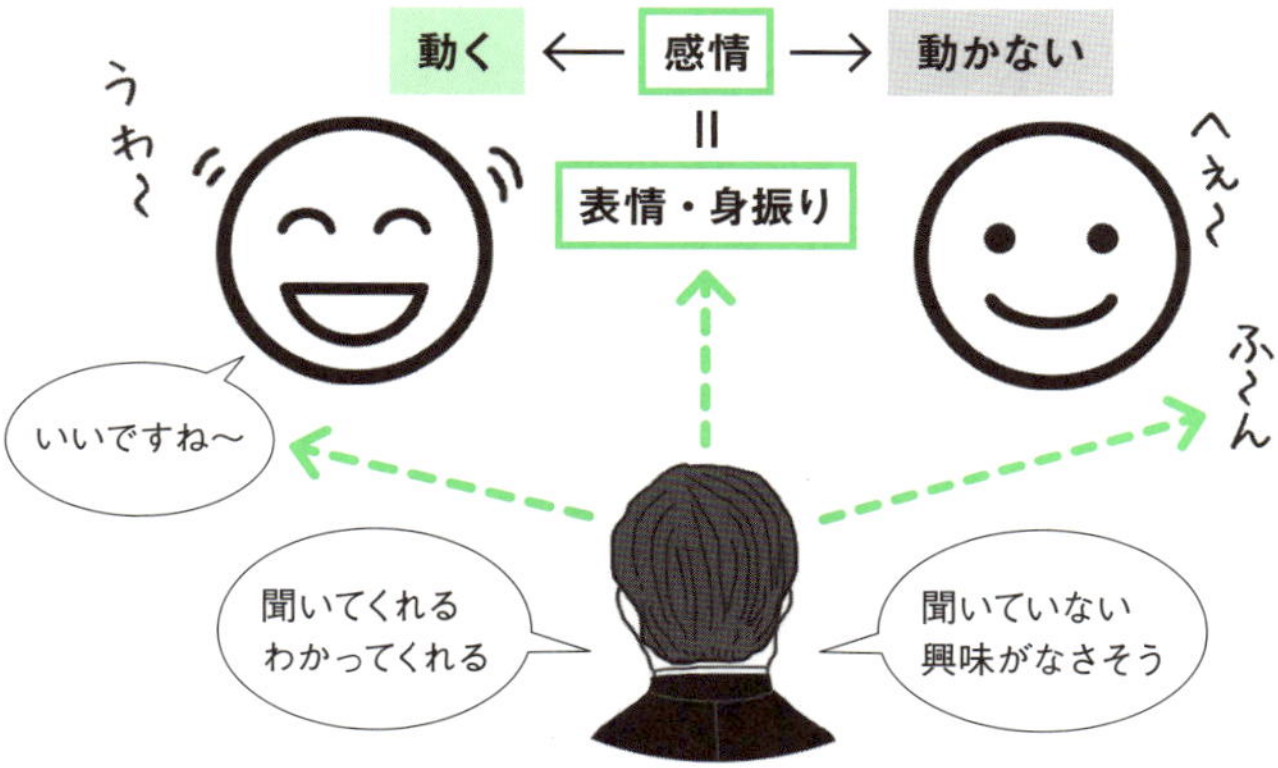

お笑いコンビには、笑いにつながる話題を生み出す「ボケ」役と、切れ味のよい合いの手を入れ、確実に笑いにつなげる「ツッコミ」役がいます。

お笑いコンビでたとえれば、「聞き上手」は「ツッコミ」役。自分の話を盛り上げてもらって、うれしくない人はいませんよね。「聞き上手」とは、いいリアクションで話を盛り上げられる人のことだと私は思っています。

ビジネスの場で芸人さんのように、ウケを狙う必要はありませんが、誰でも「聞き上手」になれるとっておきの方法があります。

表情、身振り、手振りなどリアクションにもいろいろありますが、とくに大切なのが話の要所で入れる合いの手＝あいづちです。

いくら話を聞いていても黙っていては話し手は不安になります。会話を盛り上げるには、相手を心地よくする「あいづち」が欠かせません。

話し手への共感、驚きなどこちらの関心度がグッと伝わるあいづちを打てたら合格。これなら途切れることなく、会話が盛り上がること間違いなしです!

聞き上手はリアクションマスター 表情やあいづちで感情表現しよう

ここぞというときの「あいづち」で、会話を盛り上げましょう

同感・肯定

理解を示す

- はい
- そうですね
- ごもっともです

驚き・疑問

興味を示す

- えっ？
- そうなんですか！
- 知りませんでした

促し・盛り上げ

展開を促す

- それから？
- どうなったんですか？
- おもしろいですね

「相手」を立てて主役にする　**あいづちのオキテ**

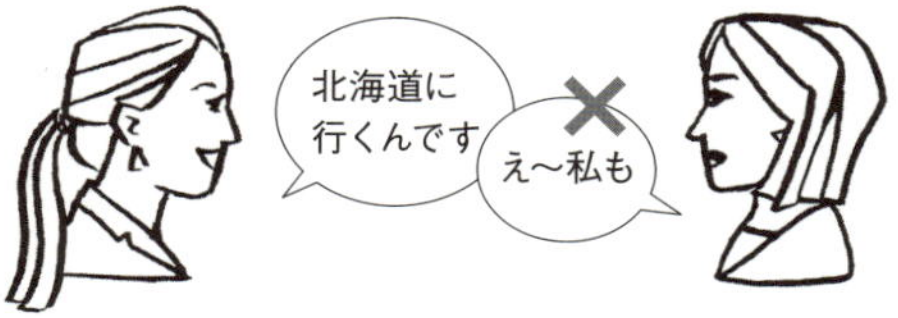
北海道に
行くんです
え〜私も

- 相手のテンポに合わせる
- 間合いをはかる
- 相手の言葉にかぶせない
- 自分が言いたいことは後回しに

好感度アップにバツグンの効果　**相手をほめる「さ行」のあいづち**

さ	**さすがです**	「自分を認めてもらいたい」という欲求を満たす
し	**知らなかった**	相手の知識をほめることで自尊心を満たす
す	**すごい！**	「この場に必要な存在＝主役」と感じることで自己重要感を満たす
せ	**絶対（ありますね）**	確信を示し、相手の「認めてほしい」という欲求を満たす
そ	**そうですね**	相手を受け入れる。人間関係の基盤を作る「あいづち」ともいわれる

表情豊かにリアクション　**会話に弾みがつく「あ行」のあいづち**

- あ　**あ〜、そうなんですね**［得心＋同感］　**ありがとうございます**［感謝］
- い　**いいですね〜**［好意的な共感］　**いえいえ**［ソフトな否定］
- う　**うわ〜**［驚きや関心を強調］　**運が悪かったですね**［相手の気持ちを救う］
- え　**え〜、そうなんですか**［驚きと肯定］　**縁がありますね**［強い絆を生む］
- お　**お〜、それは凄いですね**［驚きが強まる］　**恩を感じます**［深い感謝を表す］

はっぴい COLUMN

第一印象をよくしようと頑張らないで！

第二印象からのイメージアップ。印象はロングスパンで上げていく

以前は初対面の人に会うとき、また出会ったあとで自分の「第一印象」がとても気になったものです。

ところが、ある法則に気づいてから、第一印象をよくしようと思うばかりに初対面でガチガチに緊張することが見事になくなりました。

それは、相手の心をつかむには第二印象からが大事ということ。私は、これを「和田アキ子の法則」と呼んでいます。

和田アキ子さんといえば〝こわい人〟という印象が強くありませんか？　でも、ふと見せる涙もろさ、親交のある芸能人から伝え聞く面倒見のよさや人一倍のあがり症であることなど、さまざまな側面があります。

最初の強面な印象と、優しさや繊細なガラスのハートというギャップが、和田さんの好感度の秘密なんですよね。

第一印象ばかり磨いても、そこから長く付き合っていれば、いずれバケの皮ははがれるもの。

最初から好印象にもっていきすぎると、相手の期待値は一方的に高まります。すると、次に会ったとき、ほんの些細なことで「あれ？」とがっかりされてしまうかもしれません。

逆に、最初の印象は薄くても、付き合っていくうちに「実は面白い人なんだ」「案外デキる人じゃん」なんて思わせれば、こっちのもの。スタートがマイナスであっても、ちょっとしたことで印象は跳ね上がります。

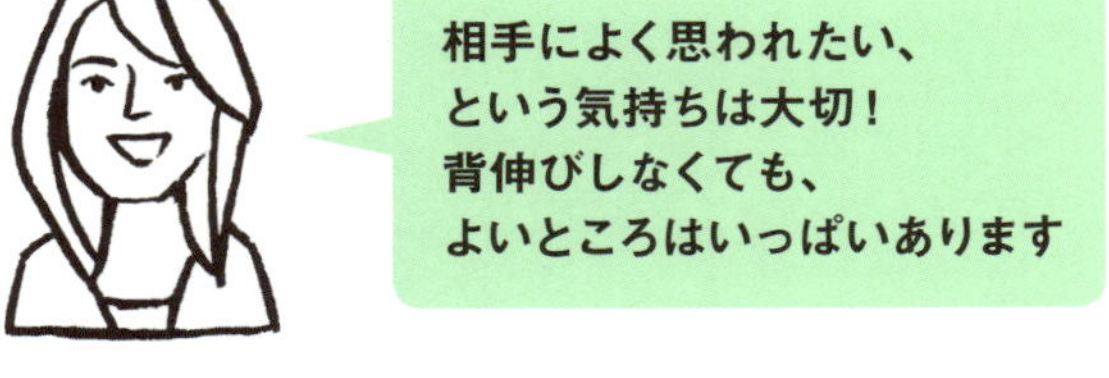
相手によく思われたい、
という気持ちは大切！
背伸びしなくても、
よいところはいっぱいあります

PART 6

ビジネスレターもメールも！
〝伝わる〟書き方・作り方

多くの仕事で求められる「書く」という技術。
トラブルやリスクを防ぐうえでも
〝わかる・伝わる〟が重要課題です。

ブログみたいにはいかない。仕事の「書く」は難しい！

非常に多くの人が関心をもっています。

書き言葉 正確性に長け、誤解を招きにくいが、文章全体が堅苦しい印象になる。

凄くたくさんの人がハマっています。

話し言葉 親しみやすいが、省略、俗語などが多用され、誤解を招きやすい。

ビジネス文書にはさまざまな種類があります。

契約書のように法律の知識が必要な文書は、専門部署や弁護士、司法書士など専門家が作成するのが一般的。通常業務で書くものは、誰が読むのかで分けると、社内向けと社外向けの２つに分かれますが、どちらも、正確でわかりやすい文章であることが大切です。

ビジネス文書は、聞き慣れない語句が多く、文章全体が堅いイメージです。それは、基本的にビジネス文書では「書き言葉」を使うため。普段私たちが使っている「話し言葉」とは印象が異なります。

「話し言葉」は、親しみやすく、相手が受け入れやすいのが特長。ビジネスでも、メールは「話し言葉」で書いても許される場面が増えています。

でも、それは相手によりけり。「話し言葉」のメールを馴れ馴れしい、常識に欠けると感じる人もたくさんいます。

いずれにしても仕事の「書く」は、おもしろさよりも正確性が大事。何が目的かを明確にしたうえで、相手と状況に応じて「書き言葉」と「話し言葉」を使い分けましょう。

図解 リアルVOICE 仕事の「書く」あるある

多くの仕事で求められる「書く」という技術。失敗もさまざまです

格調高い報告書!?

後輩が書いた報告書が「時候の挨拶」から始まっていたので理由を聞くと、「どう書いていいのかわからないので手紙の例文集を参考にした」とのこと。どこから説明したらいいのか困りました。（団体職員・36歳）

「顔文字満載」メールに絶句

顔文字満載、友だち感覚で書いたメールを取引先の人に送って、上司にお目玉をくらった新人女子。「わかりやすく、親しみを感じる文章にしたかった」と言う彼女の再教育を命じられました。（輸入代理店・33歳）

達筆すぎて読めない？

取引先に、筆ペンで書いたメモを書類に添えてくる人がいる。個人的にはカッコいいと思うけど、達筆すぎて読めません！（商社・35歳）

敬語は一日にして慣れず

秘書の代行をしたとき、かかってくる電話が偉い人ばかりで緊張してしまい、敬語どころか日本語としても怪しいレベルの話し方に。書くにも、話すにも、日頃から丁寧な言葉遣いを心がけることが大事と痛感しました。（商社・36歳）

仕事の書く・話すは誤解のない言葉を選んで、簡潔で正確に！

手紙のような文書「ビジネスレター」の書き方のポイントは？

仕事あるある

不可欠なのは正しい情報。会食の案内状に食レポはいらない！

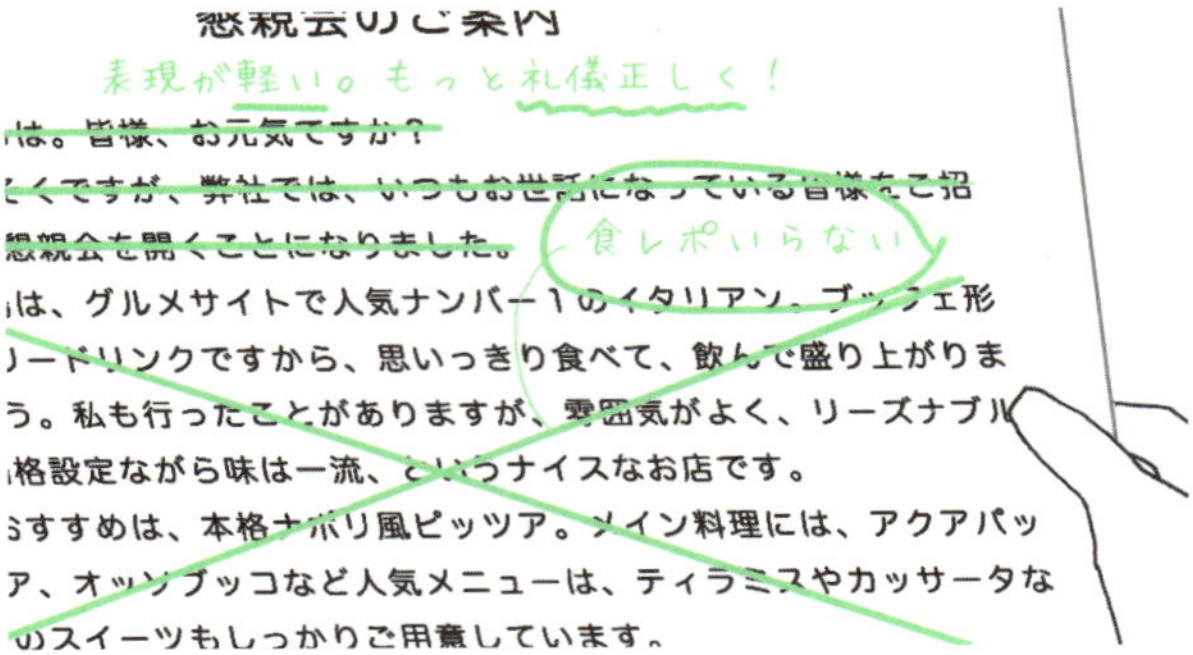
懇親会のご案内
表現が軽い。もっと礼儀正しく！
は。皆様、お元気ですか？
くですが、弊社では、いつもお世話になっている皆様をご招
懇親会を開くことになりました。
食レポいらない
は、グルメサイトで人気ナンバー1のイタリアン。ブッフェ形
リードリンクですから、思いっきり食べて、飲んで盛り上がりま
う。私も行ったことがありますが、雰囲気がよく、リーズナブル
格設定ながら味は一流、というナイスなお店です。
すすめは、本格ナポリ風ピッツア。メイン料理には、アクアパッ
ア、オッソブッコなど人気メニューは、ティラミスやカッサータな
のスイーツもしっかりご用意しています。

企業間のやりとりは、まだまだ「書面主義」。メールが使われる機会が増えたとはいえ、イベントへの招待、役員就任の挨拶、懇親会の案内などは書面にすることが多いようです。

こうした手紙形式の文書「ビジネスレター」は、業務上でやりとりする書類とは趣が異なりますが、目的は同じです。それは、口頭よりも要件を「正確に伝える」ということ。

それならメールでも同じ、簡易さやコスト、伝達量とスピードではむしろ上回ると思いますよね。

しかし、格式を重んじる相手には、スピードよりも礼儀重視、敬意も強く感じられ好印象につながります。ただ、書き方や表現にしっかりとしたガイドラインがある書類よりも難易度は高いと言えるでしょう。

手紙といってもビジネス文書の1つ。堅苦しくならないようにと思うばかりに「話し言葉」を使わないように気をつけて。丁寧にお礼をしたいとき、お詫びをしたいときも、ビジネスレターが適しています。マナーやルールを踏まえて、ぜひ活用してみてください。

挨拶状などビジネスレターで「話し言葉」は使わない

ビジネスレターの基本構成　「懇親会の案内」

- ビジネス文書は横書きが原則。以下は縦書きにすることが多い。
  辞令・就任、季節の挨拶など儀礼的なもの、礼状・感謝状、抗議文など。
- 1文書につき1件が基本。なるべく1枚にまとめる。
- 控えとして必ず複写をとる。
  デジタルで作成した場合も、内容や必要に応じて印刷したものに「副」「控え」「写し」などと明記し、手元に残す。

件名　書面の中央に、やや大きめの字で書く。

差出人　会社名・代表者名を明記する。

日付　作成日ではなく、書面の発送日を記入。

宛名　仕事の付き合いのある先に送る場合は「取引先各位」が一般的。

①2019年5月30日

②取引先各位

③はぴきゃり物産株式会社
代表取締役　○○○○

（①③）右端にそろえる。

④懇親会のご案内

⑤拝啓　初夏の候、貴社ますますご隆盛のこととお慶び申し上げます。平素は格別のご協力を賜り、厚く御礼申し上げます。

⑥　さて、このたび弊社では、日頃お取引いただいている各企業の皆様をお招きし、懇親の機会をもつことにいたしました。
　これは、業務における諸々の課題、問題点などにつき積極的に意見交換を行うとともに、お互いの親睦を図ることを目的として実施するものであります。
　つきましては、下記の要領で開催いたしたく存じます。⑦ご多用中のところ誠に恐縮ではございますが、万障お繰り合わせのうえ、ご出席いただきたくお願い申し上げます。

⑧敬具

⑨記

日時　2019年○月○日金曜日　午後6時～午後8時
会場　はぴきゃりホテル　ハッピーの間
　　　東京都文京区音羽2-12-21
　　　Tel.03-8765-4321　Web URL:https://www.△△△.com/
会費　3,000円（当日会場にてお支払いください）
お問い合わせ先
はぴきゃり物産株式会社
営業部　音羽ハナコ
Tel.03-1234-5678 E-mail:h-otowa@□□.jp

⑩なお、お手数ではございますが、出席のお返事は○月○日までにお電話、電子メールにてお知らせください。

以上

頭語　手紙文の書き出しの語。

前文　「頭語」「時候の挨拶」「相手方の繁栄を喜ぶ言葉」「日頃の感謝」の4つで構成する。

主文　催事を通知し、その目的も明記する。

末文　「結びの挨拶」で本文を締めくくる。

結語　改行して右端に「頭語」に対応した「結語」を書く。

別記　日時、開催場所、会費、お問い合わせ先、持参物など、必要事項を漏れなく明記。会場への行き方がわかるように、ウェブサイトのURLを書いておくか、別紙で地図を添える。

追記　返事が必要な場合は、その方法と期限を明記することも忘れずに。

ビジネスレターは、会社や団体など「組織の意思」を表示するものです。書き言葉を使い、書き手の意見や感情が混ざらないように気をつけましょう。
送り先・差出人の名称、住所、日時や場所、数字などは正確に明記し、なかでも金額や個数といった数に関する事項は、印刷前に再度確認するくらいの注意が必要です。

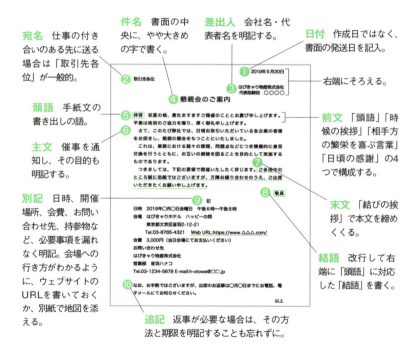

報告書ってどう書くの？ 今さら人に聞けないから困った！

HAPPYのツボ
フォーマットとは「形式、書式」のこと。文書の構成をデータ保存する

社内文書は「正確さ」「わかりやすさ」「速さ」の3つにポイントを絞れば十分です。

丁寧に書こうという気持ちは大切ですが、それで報告が遅くなっては意味がありません。

その分のエネルギーと時間は、数字を正確に、文章は簡潔にまとめ、スピーディに書き上げることに注ぎたいものです。

また、同じ報告書でも、提出先が上司か他部署か、あるいは上司と他部署がともに目を通すかで形式が違ってきます。これを、一から作成していたのでは効率が悪いですよね。

社内文書は指定フォーマットが用意されていることがあります。これをカスタマイズしてよいのであれば、項目を変更するなど自分が使いやすくなるよう工夫を。報告書、議事録など自分がよく作成する文書は、目的別にフォーマットを作っておくとよいでしょう。

フォーマットは、文書作成ソフトで簡単に作れます。自分の会社に指定フォーマットがない場合は、企画書や報告書を書くついでにフォーマットを作るのをおすすめします。

正確さ・わかりやすさ・速さがポイント 社内文書はフォーマットを作っておく

社内文書のフォーマットの作り方 「訪問・出張の報告書」

宛名　提出先の氏名＋役職名

標題　報告書のタイトル。概要がわかる内容に

日付　作成日を年月日で書く

〇〇〇〇年〇月〇日

〇〇役職名

差出人　〇〇部〇〇課　△△△△　印
（内線　1234）

〇〇〇〇〇〇〇〇〇

標題の件につき、下記の通り、ご報告いたします。

本文　「標題の件につき、下記の通り、ご報告いたします。」は、報告書の決まり文句なので、入力しておくと便利

記

1.出張者
2.日時
3.場所
4.面会者
5.目的

状況説明　「誰が・いつ・どこで・誰と・なんのために」訪問したのかを、項目を立てて箇条書きにまとめる

6.打ち合わせ要旨
(1)〇〇〇〇〇〇
(2)〇〇〇〇〇〇
(3)〇〇〇〇〇〇

内容要旨　要旨は3つ程度。それぞれ50〜100字にまとめる

7.ヒアリング事項等
(1)　〇〇〇〇〇〇
①△△△△△△
□□□□□□□□□
(2)　〇〇〇〇〇〇
②△△△△△△
□□□□□□□□□

詳細内容　見出し → 小見出しの要約。
小見出し → 説明文の要約。
説明文 → 内容の欠落、誤認がないように注意する

8.所見
〇〇〇〇〇〇〇〇〇〇〇

自分の意見がある場合、100字以内（2〜3行）にまとめて書く

9.添付資料
〇〇〇〇（0000年0月0日作成）〇ページ

以上

「資料名称」と「作成日」、添付資料の「総ページ数」を明記する

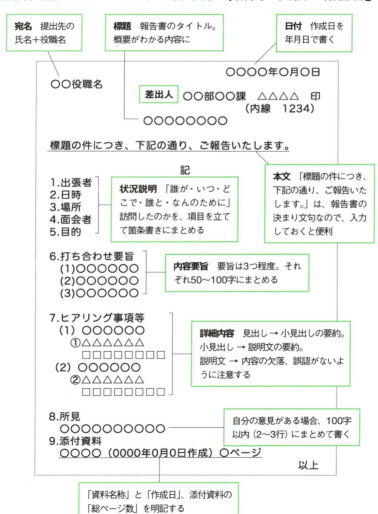

よくわからないまま使っている「CCメール」って便利なの？

HAPPYのツボ

CCは「複写」という意味。受け取った全員のアドレスが明記される

CC
mail
宛先:
CC:
BCC:
件名:
美人秘書の佐藤さん。おー、これはB社営業の花 こっちは…F社のゆかりちゃん♡
アドレスブックに全員とーろーく！

送った人全員のアドレスが丸見え。CCメールは慎重に！

本来CCやBCCでメールを送るのは「情報共有」が目的。返事は不要というのが原則です。受け取った側から返事がほしい場合は期日なり返信先なりを明記します。

それが、単にイベントの期日のお知らせや軽いお誘いなら、「みんなに送ってるんだから、いいか」と返信しないままにする人も多いと思います。

でも、私は、こうしたメールにも、参加の可否にかかわらず極力お返事します。誘われた者の義務として、参加の可否を早めに伝えるべきだと思うからです。

しかし、「極力」とつけたところがポイント。一度どこかで名刺交換をしただけという方、関係が築かれていない方からCCやBCCでくるメールには返事をしない、なかにはメール自体を読まないこともあります。

CCやBCCは送る側にとっては便利だけれど、受け取る側にとっては迷惑になることもあるので注意が必要。どこかで顔を合わせた程度だけれど、あの人をぜひ誘いたい！ そんなときは、面倒でも1人ずつ個人あてのTOメールを出したほうがいいと思います。

本文にTOとCCの明記でトラブル防止。5人以上はCC以外の方法で！

上手に使えば便利な機能。まずは基本をマスターしよう

	返信義務	
TO 宛先	○	「あなたにあてたメールです」という意思表示。 カンマ [,] で区切れば、複数の相手に同じメッセージを一度に送信することもできるが、受信側に入力したすべてのアドレスが表示される。
CC カーボン・コピー	△	「TOの人にメールしたので、確認してください」という意味。「情報共有」を目的に、TOとCCで送信した全員に同じメッセージが届く。TOの人が主送信先になるため、CCで受け取った人は、原則として返信は不要。 受信者には、TO、CCの全員のメールアドレスが表示される。
BCC ブラインド・カーボン・コピー	△	TOの人と同じメッセージが送信され、情報共有できるところはCCと同じ。ただし、BCCの人のメールアドレスは、他の受信者に表示されない。 また、CC同様、原則として返信は不要。

CCで送るのはどんなとき？　どんなふうに使う？

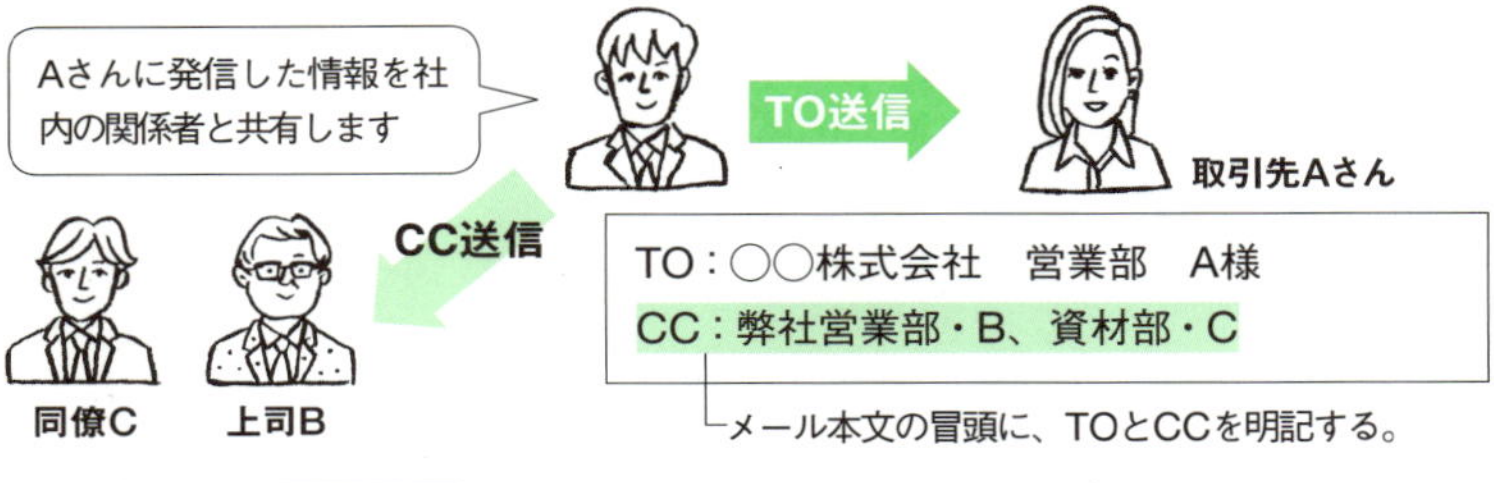

Aさんに発信した情報を社内の関係者と共有します
TO送信
取引先Aさん
CC送信
同僚C
上司B
TO：〇〇株式会社　営業部　A様
CC：弊社営業部・B、資材部・C
メール本文の冒頭に、TOとCCを明記する。

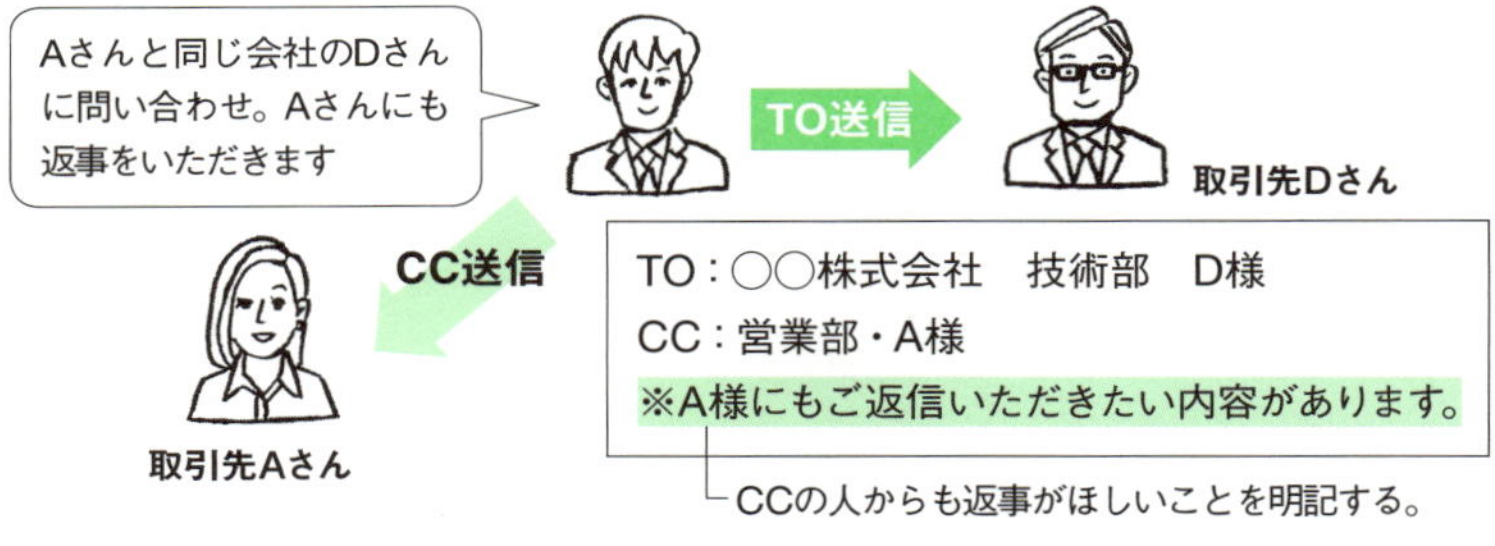

Aさんと同じ会社のDさんに問い合わせ。Aさんにも返事をいただきます
TO送信
取引先Dさん
CC送信
取引先Aさん
TO：〇〇株式会社　技術部　D様
CC：営業部・A様
※A様にもご返信いただきたい内容があります。
CCの人からも返事がほしいことを明記する。

送信よりも難しい？ メールの返信で気をつけることは？

仕事あるある 「返信の返信」は、どちらかがやめないと永遠に続いてしまう

いつでも、どこでも、メールで連絡が取れる。それは、便利でありがたいのですが、メールを送った＝相手に伝わった、というわけではないのです。

返事が必要な用件でメールを送ったのに、相手から返信がこない。こちらは何度もメールチェックしながら待っているけれど、相手は、メールチェックもままならない状況かもしれません。

そして、忘れてはいけないのが、「迷惑メールフォルダ」の存在です。セキュリティが厳しくなっている今、安全なメールであっても、メールアプリのフィルターが迷惑メールフォルダに振り分けてしまうことがあります。

私自身、「メールをご確認いただけましたか？」なんて連絡をいただいて、慌てた経験は数知れず。便利なツールも、融通のきかないところがあるんですよね。

うっかり返信を忘れないように、私は、２ヵ月前までのメールを週に一度読み返しています。もし放置されていたメールを発見したら、お詫びの言葉を添えてすぐに返信。もちろん「迷惑メールフォルダ」も必ずチェックしています。

週に一度、2ヵ月前までのメールを読み直して、返信忘れに対応する

返信を忘れていたときは「思い出したら潔く謝る」が基本！

すぐに返事をできないとき

……のため、申し訳ありませんが、◯◯についての回答は来週でもよろしいでしょうか。

お急ぎでしたら、お手数ですがご一報ください。


自分の状況やメールの内容によってすぐに返事ができない用件なら、メールか電話で返事が遅れることだけでも伝えておきましょう。

3日経過

申し訳ありません。少し体調をくずしていて……。

ご連絡が遅くなりましたが、先日のメールの件ですが……。


24時間以内に返事をするのが望ましいものの、それがままならないのも現実。頻繁にやりとりをしている相手なら、まずは電話で返事が遅くなったことをお詫びして、可能であればメールの用件への返事をします。

その場でできない場合は、回答の期限を聞いて、必ず守ること！

1週間経過

先日のメールの件、今になって返信していることをまずはお詫び申し上げます。注意力が散漫になり、大事なことを失念する自分に恥じ入るばかりです。

お力添えくださっているところ、お待たせしてしまい、大変申し訳ありませんでした。


催促がないことから、急ぎの用件でないと思っていても、相手は遠慮しているだけかもしれません。疎遠というほどでなくても、頻繁にやりとりのある間柄でもない相手には、まずはメールでお詫びをしてから、電話なり、会うなりすれば、コミュニケーションを深めるいい機会にもなります。

1ヵ月以上経過

1ヵ月以上もたってから「返信を忘れました」とは言い出しにくいもの。相手も忘れているかもしれませんが、まずはメールでお詫びをすること。事実だとしても「迷惑メールに仕分けられていた」という言い訳が通用するのは1回だけ、長々と言い訳じみたことを書くより、潔く失礼を詫びたほうが印象はよくなります。

また、相手から催促がないまま、返信遅れ・忘れが日常化している場合は、日々のコミュニケーションと仕事への姿勢を見直しましょう。

「お手すきの際に」の多用に注意しよう！

HAPPYのツボ

「お手すきの際に」は、「暇なときに」の丁寧な言い回し

目上の方や上司や取引先など格上の人に、「いつ暇ですか？」とはなかなか聞けないもの。タイミングによっては相手を不快にさせてしまいかねません。

そういうときに使うのが「お手すき」。「いつ頃がお手すきでしょうか？」「今、お手すきでしょうか？」という言い回しをします。

やわらかい印象の表現で、話す・書くのどちらにも使えるのもポイント。メールでのお願い事や都合を尋ねたいときには、文末に「お手すきの際に〜」などと添えます。

ズバッと用件を書くよりソフトであり、「そちらの都合に合わせますよ」という気配りも感じられます。ただ、本当に返事は相手の都合次第でよいのでしょうか？

急いでないにしても、何らかの「期日指定」がある用件に「お手すき」は使ってはいけない言葉です。

確実に返事がほしい場合は、「ご多忙とは存じますが」と相手に配慮しつつ、「今週中に」などと返信の期日を明記すること。これなら相手に返信の必要性を促し、こちらも返信がない場合の催促がしやすくなりますよね。

返事が必ずほしいときは「お手すきの際に」は使わない

「お手すき」の使い方OKとNG

誰に対して使う？

ビジネスの場では、ほとんどの人に使える言葉ですが、明らかに格下の人に使うと嫌味に受け取られることもあるので要注意。
部下や後輩、自分自身に関しては「手が空いたら」と言うのが適切です。

使うタイミングは？

OK
就業時間後で申し訳ありませんが、お時間をいただいてよろしいでしょうか？
NG
お手すきでしたらご相談したいことが……

「手が空いたときにお願いします」と依頼ができるのは、あくまで就業時間内です。
やむを得ず就業時間後に何かを頼む場合は、相手に対する配慮を示しましょう。

メールで使う場合は？

自分が発信する場合

OK

〈社内メール・会議資料の事前配布〉
来週の会議の資料を添付いたします。
お手すきの際に、
ご一読いただければ幸いです。

NG

〈社内メール・試食会の通知〉
本日19:00より新商品の試食会を
実施します。
お手すきでしたらご参加ください。

- **就業時間外の依頼、お願いには使えない。**
- **緊急でなくても、返事がほしい用件には使わない。**
- **「○月○日までに」「今週中に」など大まかな期日を入れる。**

自分が受け取ったときは……

- **相手に何の用件かがわかるように、件名に[Re:]がつく「返信」で送る。**
- **すぐにできなくても、翌日中には何らかの返信する。**

OK

〈当日返信できなかった場合〉
お返事が遅くなりましたが、
昨日いただいたメールの件について
ご連絡申し上げます。

自分が主受信者（アドレス欄TO）であれば、「お手すきの際に」とあってもできるだけ早く返事をしなければなりません。

仕事の連絡、メールだけですませてもいいの？

HAPPYのツボ

文字だけのメール、声だけの電話では謝罪の気持ちは伝わりにくい

　仕事関係の付き合いでは、今電話したら迷惑かなと思うばかりに、簡単な連絡はメールですませることがよくあります。用件は「〇〇の件は、無事に処理できました」のひと言で、相手の返事もいらない。それなら、メールのほうが相手にとってもいいのでは？

　でも、それは自分の思い込みにすぎず、連絡はメールだけということで、相手はコミュニケーション不足を感じているかもしれません。そして、些細なことからついに相手を怒らせてしまった……そんな経験のある人も多いのではないでしょうか。

　個人のやりとりで起きた些細なことだからと甘く考えて、お詫びをメールだけですませるなんてもってのほか。ともすると、取引上で発生した問題より話がこじれて、あなた自身の評価はもちろん会社全体にかかわる大問題に発展することだってあり得ます。

　たいていの用件は、簡潔かつスピーディに伝えられるメールですが、謝罪となると言葉選びは難しいもの。謝罪はメールだけですませずに、相手と向き合って伝えるように心がけましょう。

込み入った内容の連絡は電話と併用 謝罪は"メールだけ"ですませない！

メールでのやり取りは２往復までが基本

CASE STUDY　AさんとBさんが「打ち合わせの日時」を相談する

チャットで続くムダなメールの往復に注意！

A

B

	A		B
1往復目	次回の打ち合わせですが、ご都合のいい日時を教えていただけますでしょうか。①	▶◀	来週4日（火）14〜16時、もしくは7日（金）15〜16時でお願いできると助かります。
2往復目	4日（火）14〜16時、でお願いいたします。場所は、弊社でよろしいでしょうか。②	▶◀	申し訳ないのですが、4日は前に先約がございます。弊社にてお願いできるとありがたいです。
3往復目	承知しました。ところで、当日は弊社営業担当の音羽を同席させてもよろしいでしょうか？③	▶◀	音羽様がご同席の件、承知いたしました。資料をそろえてお待ちしております。
4往復目	お伝えし忘れたことがあります。打ち合わせ終了後、別件でお話ししたい④ことがありますので、30分ほどお時間をいただけますでしょうか。	▶◀	承知いたしました。他に何かございましたら、いつでも携帯までご連絡ください。 来週4日（火）14時のお打ち合わせ、どうぞよろしくお願いいたします。

①Bさんの都合のいい日時、②打ち合わせを行う場所、③自社の人が同席すること、④別件で話をする時間がほしい、以上の4つのことを、Aさんが最初のメールで伝えておけば、メールは1往復か2往復ですんだはずです。
チャットのようにムダな往復が続くメールは、相手にとって迷惑なもの。メールを送信する前に用件をまとめておくこと、込み入った内容の場合は、電話を併用し、必要に応じて直接会って話したほうが結局は短時間ですむことが多いものです。

はっぴい COLUMN

遊び心で個性を演出

手書きやアナロググッズで ちょい足しコミュニケーション

書類などを郵送する際は、1枚目に送付状を添付します。

送られてきた文書がどんなものかが相手にすぐわかるように、送付状は、社内で統一されたフォーマットに記入して印刷したものを使うのが一般的ですが、ときには手書きのひと言を添えると好印象に。定期的に書類をやり取りするような相手なら、規定の送付状の空きスペースに、感謝の気持ちや相手への気遣いなどのひと言を手書きで加えてはどうでしょう。

また、送付状は、内容がすぐ把握できることが大切ですが、送り先によっては印刷されたものは堅苦しく感じてしまう場合もあります。社内の人や、取引先でも親しい間柄の人に送るものには、一筆箋や大きめの付箋などを使った少しカジュアルな送付状でもOKです。

相手が猫好きだと知っていたら、猫をイメージした付箋を使う。自分の好きなものや色の付箋で、個性を演出するのもよいでしょう。目上の方に送るにしても、縦書きの一筆箋ならきちんとした印象になります。

ただし、親しい間柄とはいえあくまでビジネス上のやり取りなので、砕けすぎないように心がけること。「いつもありがとうございます」「最近メールばかりで失礼しております」といった、相手に対する気持ちをひと言添えるのも忘れないようにしましょう。余白に書き添えた手書きのメッセージ。あなたらしさが感じられる付箋。ちょっとしたことですが、「送付状」はコミュニケーションツールとして大活躍してくれるのです。

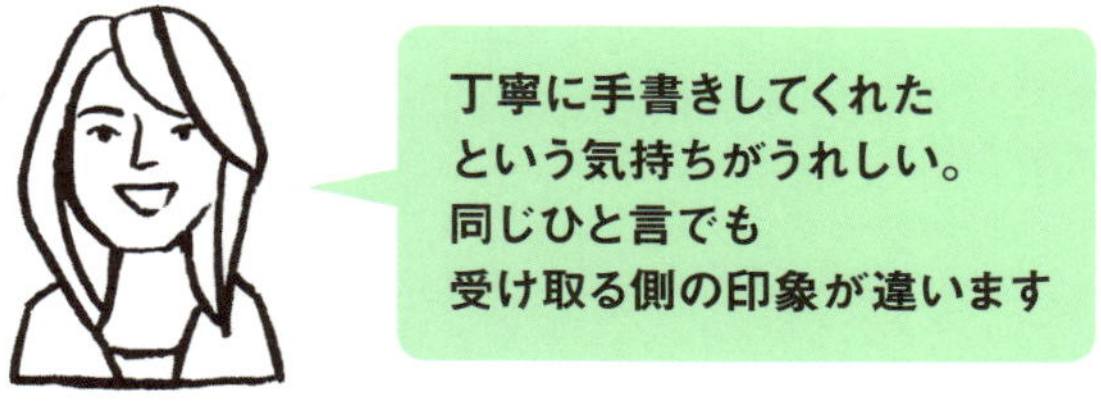
丁寧に手書きしてくれた
という気持ちがうれしい。
同じひと言でも
受け取る側の印象が違います

PART 7

“情報”は収集&管理で“使える知識”にする

多様なメディアによって大量の情報が
飛び交う現代社会の必須スキル。
情報の収集&管理のコツをご紹介します。

スケジュール管理が苦手。仕事にも影響が出て困った!

HAPPYのツボ

スマホやタブレットは、上手に使えば有能な秘書になる

仕事が増えてくるにつれて、スケジュール管理が大切になってきます。

仕事の効率が悪いと感じるようなとき、面談や訪問の日程変更がよくある人は、日々の仕事の進め方を見直してみましょう。

仕事には締め切りが付き物です。スケジュールを把握しないまま仕事を進めても、明確な期限やゴール設定がわからず、時間を浪費してしまいがち。スケジュール管理をすることは、仕事の優先度が明確になって、生産性アップにつながっていくのです。

スケジュール管理には、いくつか方法があります。今、仕事量の多さに負担を感じていたり、スケジュール管理に苦手意識があったりする場合は、ノートを1冊用意して、1日ごとのタスク管理からはじめるとよいでしょう。

ノートに、その日に処理するタスクを書き出し、完了したら線を引くなどして消していくシンプルな方法です。これで、1日のタスク管理ができるようになったら、次は1週間、さらに1ヵ月と段階をおってスケジュールを管理していきましょう。

スケジュールは仕事の効率UPの大切な〝情報〟

スケジュール管理は、仕事のもれやアポイントのダブルブッキングといったミスを防いで、スピーディかつムダなく仕事を進めていくために欠かせない〝情報〟を管理することでもあります。
スケジュール管理の方法はいくつかあります。仕事の効率が悪いと感じているようなら、現在のスケジュール管理方法を見直して、自分に合った方法を見つけましょう。

手帳

メモとしても使えるスケジュール手帳は、プライベートとは別に1冊持っておくといいでしょう。すぐに確認できるため、月間・週間単位のスケジュール管理におすすめです。

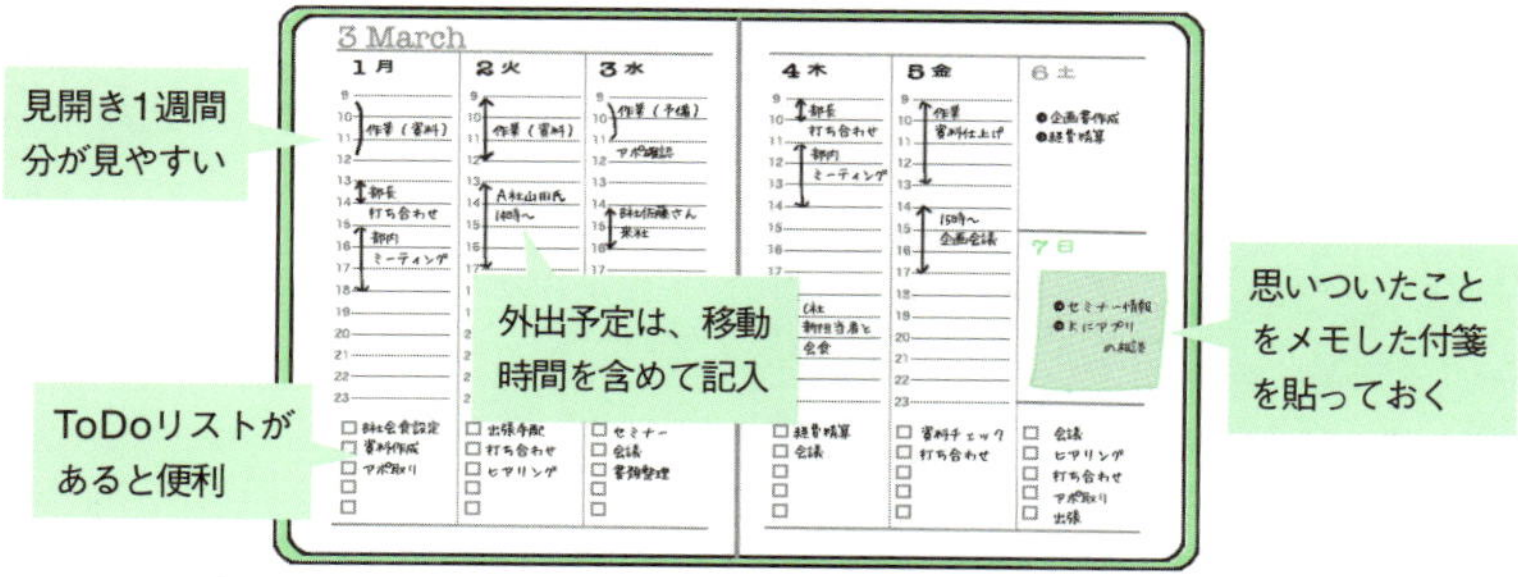

3 March
1月
2火
3水
4木
5金
6土
7日
見開き1週間分が見やすい
外出予定は、移動時間を含めて記入
ToDoリストがあると便利
思いついたことをメモした付箋を貼っておく

スプレッドシート

Googleのアカウントを取得していれば利用できる、オンラインサービスの1つ。表計算機能を使ってスケジュール管理ができます。月間・週間・時間単位いずれのスケジュールもPCなどで手軽に編集でき、アプリを使ってスマホからも編集・確認が可能です。

アプリ

オフィスにいるより、社外にいる時間が長い人にとっては、スマホやタブレットで、場所を選ばずに確認・編集できるスケジュール管理用のアプリは必須。スケジュール管理はもちろん、画面通知や音声でのアラームなど便利な機能も魅力。PCとの同期で、簡単かつ確実にスケジュールを管理できます。

仕事のスケジュールは確認しやすい方法で一元管理が理想的

デジタルかアナログか、スケジュール管理はどちらがいい？

図解 リアルVOICE

仕事のスケジュール管理に何を使っていますか？

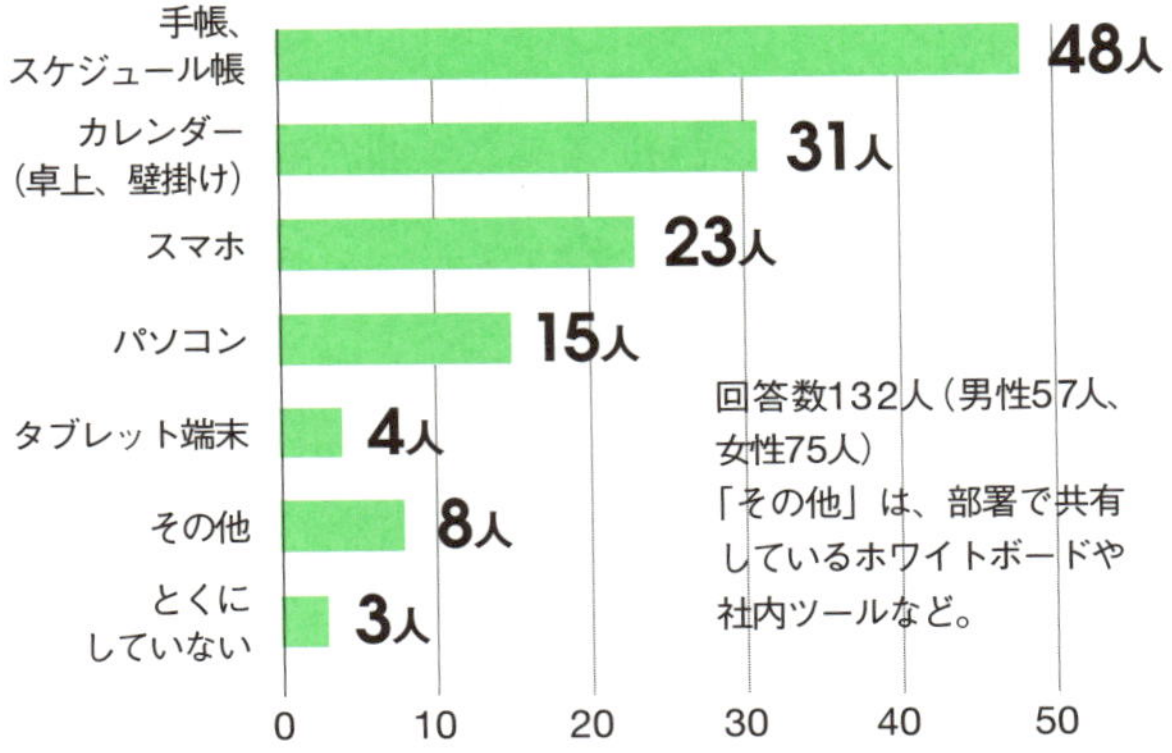
手帳、スケジュール帳 48人
カレンダー（卓上、壁掛け） 31人
スマホ 23人
パソコン 15人
タブレット端末 4人
その他 8人
とくにしていない 3人
0
10
20
30
40
50
回答数132人（男性57人、女性75人）
「その他」は、部署で共有しているホワイトボードや社内ツールなど。

スケジュール管理は、デジタルとアナログのどちらがいいかより、何をメインに使うかがポイントだと思います。

手帳は、打ち合わせをしながらどんどん書き込めるところが便利。アナログ派の人は、デジタルの入力より手書きのほうが忘れにくいと言います。

ところが、ずっと手帳を使ってきたけれど、スマホを使い出してから、スケジュール管理もアプリをメインにしたという人も。内容によって色分けができたり、アラームで予定を知らせてくれたりする、便利な機能はデジタルの大きな魅力です。

私自身は、完全にスマホに移行しました。細かい書き込みやちょっと思いついたことも、スマホのメモアプリに書き込みます。

また、状況に対応することも、仕事のツールを使いこなすうえでの大切なポイントです。面談中に予定を書き込んだり、メモをしたりするとき、私の場合は「ちょっとスマホでメモを取らせていただきますね」とひと声かけるようにしています。

手帳は「自己管理」、メモは「一時記憶」ノートは「情報」で使い分ける

ムダをなくして効率化に役立つ！スケジュール管理あるある

会議のお知らせなどはとりあえず、写真に撮ります。 手帳に書き込んだら写真は削除。場合によっては、写真をそのままスケジュールアプリに貼っておくことも。（メーカー・34歳・男性）

会議中、スマホでメモを取っていたら上司に叱られたことが。以来、仕事中はスマホを触らないようにしているので、スケジュール管理は、仕事は手帳、スマホはプライベートと使い分けています。（不動産・33歳・男性）

月間スケジュールとは別にノートで毎日のタスク管理をしています。完了したタスクにマーカーで線を引く達成感がたまらない。アナログだからこその魅力です。（メーカー・36歳・女性）

取引先からいただく手帳が、とても使いやすいので、ずっと愛用していました。でも、3年くらい前に諸事情で手帳の配布が中止に。今は、シンプルなノートに自分で線を引いて、スケジュール帳にしています。（団体職員・35歳・女性）

メインはデジタル。画面通知やメールでのアラート機能や買い物リストとしても活用しています。サブの手帳は、月単位でパッと見たいときに便利。（商社・32歳・女性）

スマホとタブレットのデジタルオンリー。うっかり落としたり、失くしたりしたら大変だとは思うけど、もう〝手帳に手書き〟には戻れません。（商社・32歳・男性）

「メモ」はデジタルとアナログどちらにするべき？

HAPPYのツボ

**書いたり、入力したりが面倒なら
スマホの音声メモがおすすめ！**

・・・以上、
○○のアイデア。
資料画像は3点。
グラフのデータと
メール添付で送信。
確認すること！

アナログとデジタルのいいところを活かして使い分けるのがいいと思うのですが、最近は、ややデジタル派に傾いています。

理由は、メモ帳やノート、ペンを忘れても、スマホは必ず持ち歩いているからです。

スマホに入力するより紙に書くほうが手っ取り早くて便利。以前はそう思っていたけれど、慣れてしまえば大差はないし、何より確実に保存できるので安心です。

大切なメモは、常に身近にあるスマホに保存するようにしています。私が使っているのは、スマホの標準メモアプリですが、スマホで入力したものをPCと同期できるところがとても便利。スケジュール管理も、手帳と併用からスマホだけになりました。

基本的には、自分がやりやすい方法でいいのですが、情報は一括しておくことも大切。紙に書いたメモはバラけないように、ノートや手帳にまとめておきましょう。

面談や会議での「デジタルメモ」には賛否両論あるようです。スマホ、タブレットでメモを取る、音声録音する場合は、ひと言断る気配りを忘れずに！

忘れてはいけないメモは最も身近にあるスマホで管理する

仕事に使える情報にするメモ管理術

メモ帳や付箋など紙に手書きするのは簡単ですが、うっかり失くしてしまうこともあります。メモの管理には、スマホを活用しましょう。カメラ機能やアプリを使えば、紙やノートに手書きしたメモをデジタル化するのも簡単。デジタル化しておけば、いくらでも保存でき、探すにも楽、どこでも読み返せます。

メモ管理その1　スマホやPCのメモアプリを使う

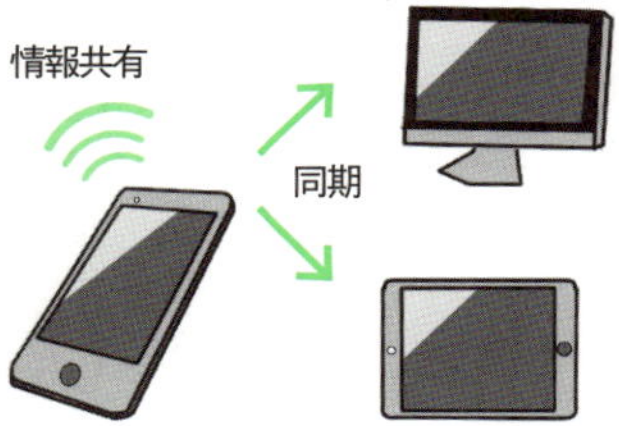

スマホに標準装備されているメモアプリはとても優秀です。スキャナーアプリがなくても、書類をカメラで撮影した画像をメモアプリに保存。メール添付で送信すれば情報共有もできます。デスクトップPCやノートPCと同期でき、さまざまな方法で情報を活用しやすいのもよいところ。

メモ管理その2　メールの「下書き」で一時保存

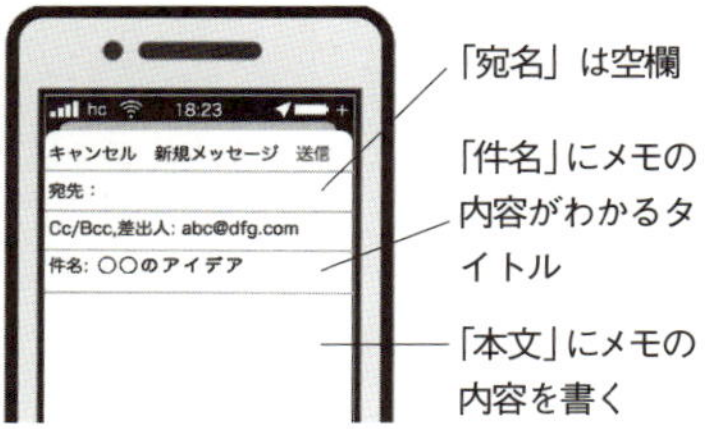

メモの一時保存には、メールアプリを使うと便利。メールの「新規メッセージ」を表示し、宛名は空欄のまま、件名には「○○のアイデア」などと記入。本文にメモの内容を書いたら「下書き」として保存します。不要だったら削除、必要だったらメモアプリなどに本文を保存しましょう。

メモ管理その3　必要な情報を画像メモとして残す

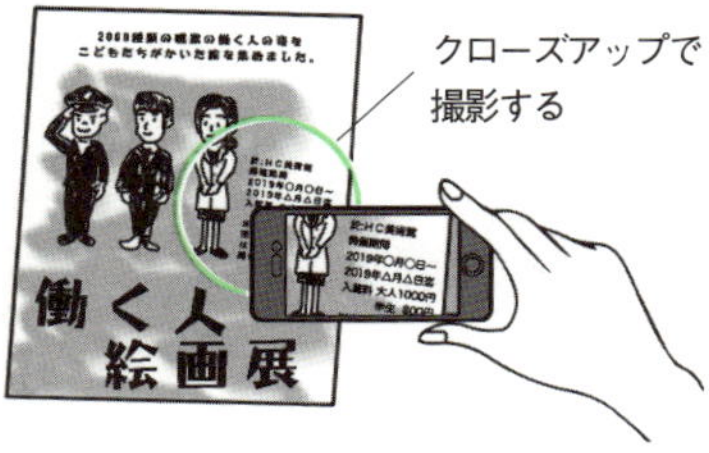

ポスターやチラシ、地図のような大きなものは、必要な部分をクローズアップで撮っておきましょう。メモアプリに貼り付けて、メモとして共有、あとでカテゴリー別にリストを作成することもできます。

スマホを仕事でもガッツリ使いこなしたい！

HAPPYのツボ

フリック入力で日報作成、スマホで仕事の時代がくる!?

さっきのカフェで
打って、
今送信
しました。就業時間過ぎたし、
会社戻らなくていいッスか?

私にとって、スマホはなくてはならない仕事道具の1つです。

標準アプリだけでも必要な機能はしっかりそろっているので、カメラやメモ帳を持ち歩かなくてもいいのが助かりますね。

一番活用しているのはメモアプリでしょうか。メモの保存だけでなく、ToDoリストとしても使えるし、写真や地図を貼り付けることもできてとにかく便利。メモを書くためのシンプルな機能なのが、使いやすさのポイントだと思います。

ブログや原稿の下書きに使うほか、おいしいお菓子を見つけたら、写真を撮ってお店の情報などと一緒にメモアプリに「てみやげリスト」として保存しています。

カレンダーアプリと連動で、タスクやスケジュール管理もできます。書いて保存することなら、たいていのことに使えますから、アイデア次第で活用できます。

足りない機能は有料アプリで補うのもいい方法。アプリは、日々進化しているので、IT知識の高い友人などがどんなアプリを使っているかを、定期的にチェックしてみるのもおすすめです。

スマホは標準アプリだけでも手のひらのオフィスになる

「機動力の高さ」と他のデバイスとの「連動性」を活かす

文書や画像の作成のような時間がかかる作業は、処理能力の高いPCを使ったほうが効率がよく、時間も節約できます。スマホの強みは、音声・ビデオ通話、メール、カメラ、スケジュール管理といった機能をPCと連動して使えること。機動性と連動性をポイントに、スマホの標準アプリを仕事に活かしてみましょう。

1 画像や音声でメモして情報共有

会議のホワイトボードや資料などをカメラで撮影、思いついたことを録音

▼

メール添付で関係者に送信して情報を共有する

2 クラウド保存したアイデアを活用する

思いついたことを音声でメモ、気になるモノを撮影した画像をクラウドストレージに保存

▼

目的に合わせて使えそうなアイデアをダウンロードして使う

3 携帯キーボードを利用してPC代わりに使う

出張に携帯ワイヤレスキーボードを持っていく

▼

上司や社内の関係者への報告・相談、すぐに共有したい情報を出張先から送信

気分がアガる〝仕事道具〟がほしい！

HAPPYのツボ

ビジネスシーンでは「手元」に視線が注がれている

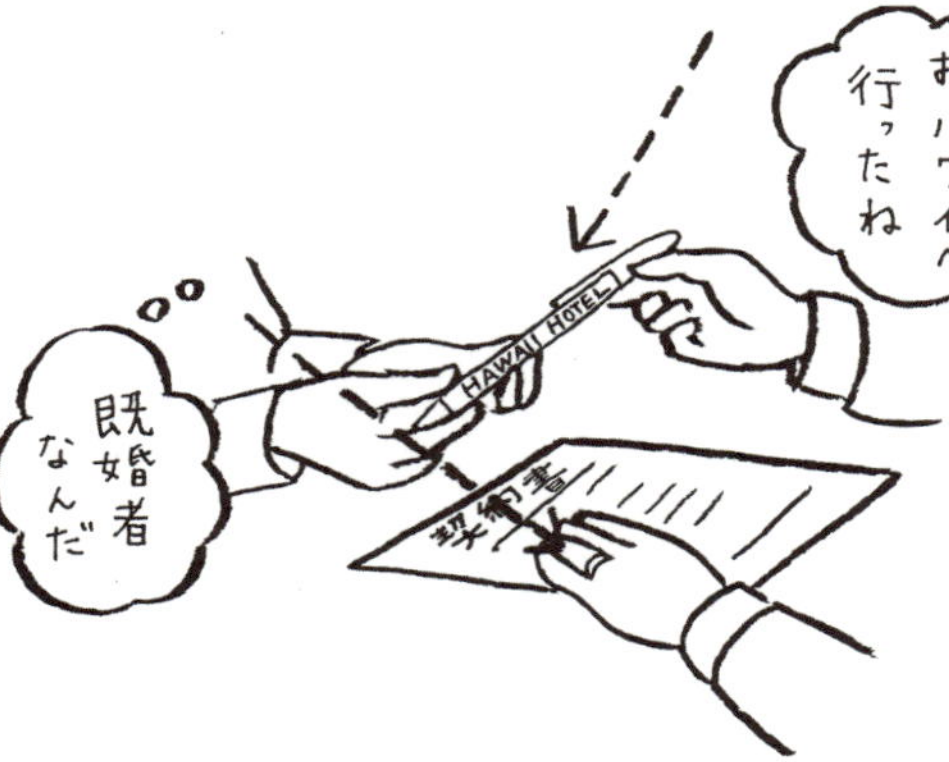

「契約書のサインは100円のボールペンで書いちゃいけないよ」

営業になりたての頃、先輩がこんなアドバイスをしてくれました。

発注額が大きければ大きいほど、相手の担当者は責任を重く感じているはずです。

そんなときに、大切な契約書を、安っぽいボールペンで書いていたら、どう思うでしょう。相手にしてみたら、先行き不安になるかもしれませんよね。

考えてみれば、プライベートで使うモノには気を使うのに、仕事になると、なぜ会社から支給されたモノを使う人が多いのでしょうか。身につけるモノひとつで、仕事への気合が演出できるなら、取り入れない手はありません。

それに、一日の大半を費やす仕事時間だって、自分の大切な時間。それなら、やはり仕事道具にだってこだわりたいものです。

高価なモノである必要はありませんが、少し背伸びをして手に入れた一流品を身につけると、気分もアガるから不思議。ペンを走らせる姿までエレガント！　あなたの手元に視線が集中すること、間違いなしです。

仕事道具は「一流のモノ」を使う 1つ選ぶならぜひいいペンを

自分らしいこだわりで選びたい3つの仕事道具

初めての契約成立のときに使用した、当時買える範囲で購入したボールペンは、今でも机の中にあって「初心を思い出す」のに一役買ってくれています。上質なモノは、多少値段が高くても、それを持つことが励みになり、仕事の質を高めてくれます。

ペン　デジタル時代だからこそこだわりたい「書く」アイテム

ボールペンや万年筆は単なる“道具”ではなく、書くということで自分を表現できるアイテム。いいペンは、使いやすく、文字も美しく見えるものです。手書きの機会が減ったデジタル時代だからこそ、きちんとしたシーンで使えるペンを持つことは、大人のたしなみでもあります。

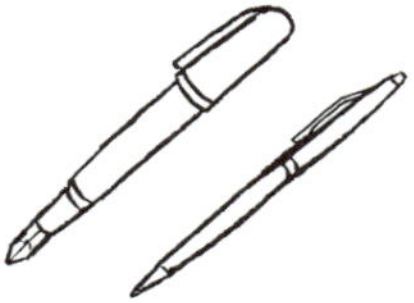

靴　デザイン性だけでなくフィット感を大切に

「おしゃれは足元から」「靴でその人の性格がわかる」といわれているように、靴は第一印象に大きな影響を与えるアイテムです。靴選びは、デザインや素材など見た目だけでなく、自分の足にフィットするかが大事。最近は、手軽な靴のセミオーダーサービスも出てきているので、外回りが多い人は試してみるとよいでしょう。

かばん　必要なモノをしっかり収納できるかがポイント

タブレットやノートパソコンなど端末機器を持ち歩く人にとって、かばんは欠かせない仕事道具の一つです。かばん選びのポイントは、必要なモノがしっかり入る収納力がありながら、軽くて、コンパクトであること。移動中やスキマ時間、訪問先で、手帳やタブレットなどをサッと取り出せる、外ポケット付きのかばんを選ぶとよいでしょう。

女性には、荷物をバッグと分けて、重さを分散できるサブバッグを使うことをおすすめします。

伝言メモを活用して「連絡上手」になるテクニック

仕事あるある

デジタル主流のオフィスでも意外なときに紙のメモが役に立つ

専用アプリで伝言を送っても「もらっていない！」と言う人が……

仕事の場では、伝言メモひとつが大きなトラブルを引き起こすこともあります。

伝言メモは、自分がわかればいいメモと違って、他人が読んでわかるように書かなければなりません。読みやすい文字で、内容も正確かつ端的にまとめましょう。

最近は、伝言メモも、文字や音声で伝える専用アプリを使う会社が増えています。デジタルの伝言は「読めない」心配がない一方で、受け取る側の「読まない・聞かない」がトラブル発生につながることも。

自分の会社では、デジタル通知が決まりでも、大切な伝言は、紙でも残しておきたいもの。

加えて、不在だった担当者がオフィスに戻ったら、「〜さんから伝言がありますよ」と声をかけてあげましょう。「なんでそこまでやらなきゃいけないの？」と思うとモヤモヤしますよね。でも、「伝わらない」という課題への取り組みは、他の仕事にも活かせる「スキル」になるので、ゲーム感覚で楽しんじゃいましょう。

わかりやすく書き、目立つように工夫
担当者に確実に伝えよう

「連絡上手」になるために押さえておくべき3つのポイント

1. 伝言を受けるときは、言われたことを書きとめるだけでなく、相手が伝えたい必須事項や要望を確認する。
2. 大切な伝言は、メモを残したうえで、離席者が戻ったら声をかけて確認する。
3. 複雑な内容の場合は、担当者に伝言すると伝えたうえで、念のために相手からも電話やメールで再度連絡してもらうようお願いする。

デスクの上に置くだけでは伝わらない！ 伝言メモの常識・非常識

常識 読みやすい文字、内容が簡潔

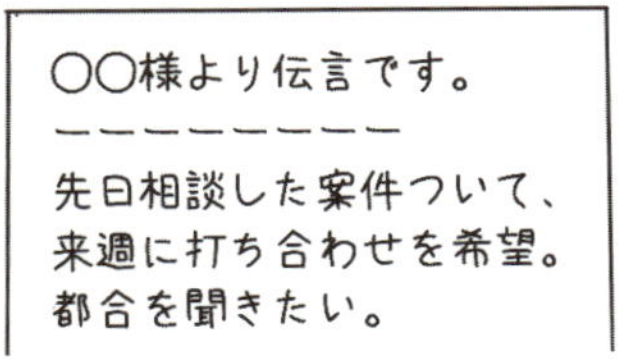
○○様より伝言です。
先日相談した案件ついて、
来週に打ち合わせを希望。
都合を聞きたい。

非常識 読みにくい、余計な情報が多い

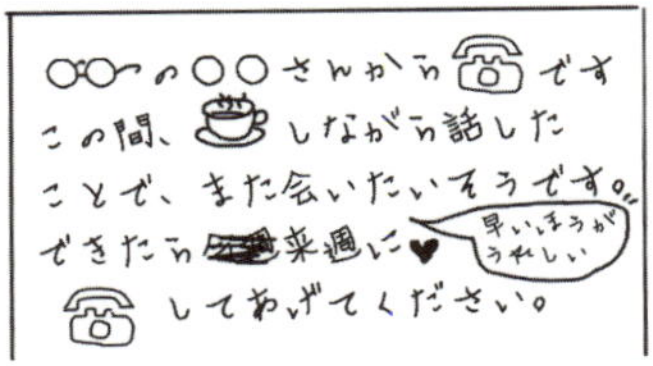
の○○さんからです
この間、しながら話した
ことで、また会いたいそうです。
できたら来週に
してあげてください。
早いほうがうれしい

常識 目立つように工夫する

4/15 13:00
A社の○○様より
TELありました。
工場見学の件、
連絡ください
とのことです。
伝言メモ
伝言メモ

非常識 メモをどんどん重ねていく

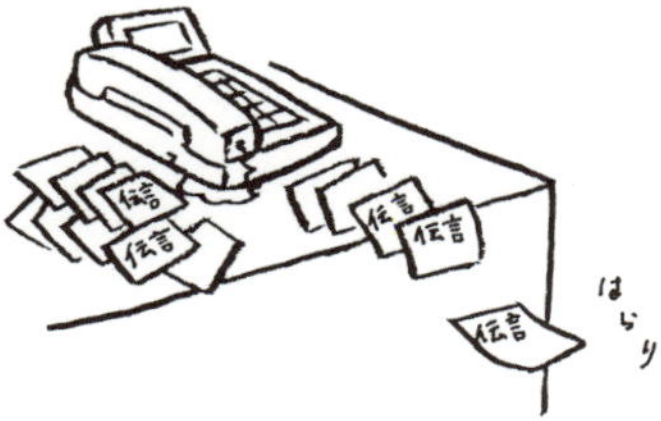
伝言
伝言
伝言
伝言
伝言
はらり

常識 内容を整理して箇条書きにする

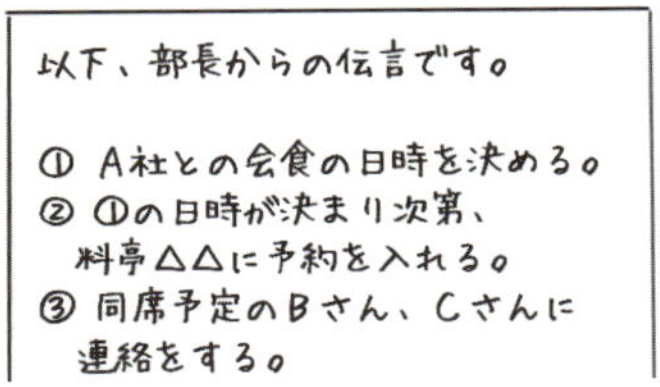
以下、部長からの伝言です。
① A社との会食の日時を決める。
② ①の日時が決まり次第、
料亭△△に予約を入れる。
③ 同席予定のBさん、Cさんに
連絡をする。

非常識 細かすぎて要点がわからない

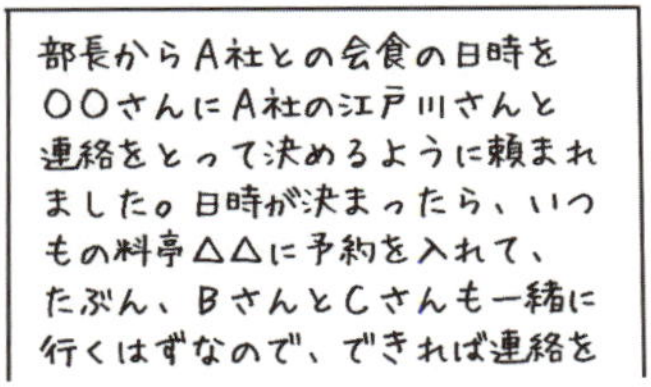
部長からA社との会食の日時を
○○さんにA社の江戸川さんと
連絡をとって決めるように頼まれ
ました。日時が決まったら、いつ
もの料亭△△に予約を入れて、
たぶん、BさんとCさんも一緒に
行くはずなので、できれば連絡を

メモを書くには付箋が便利？　他にも活用できる？

仕事あるある

ピン！　ときたら付箋にメモ！ 見えるところに貼って 潜在意識に働きかける

とにかく何でも頭にひらめいたことはメモする。いわゆる「メモ魔」と呼ばれる人には、歴史的な偉業を成し遂げた人や天才と称される人、さまざまな分野での成功者が多いそうです。

ルネサンス期の芸術家、レオナルド・ダ・ヴィンチもその一人。また、進化論で有名な、かのダーウィンは、馬車の中で、頭に浮かんだアイデアを絶えずメモしていたそうです。

確かにアイデアは、ひねり出そうと必死で考えているときより、公園のベンチに座ってボーッとしているときなどに、ふとひらめくもの。そのときは、使えるかどうかはわからなくても、メモで残しておけば何かの役に立つはずです。

少なくとも、ピン！ときたらメモしておいて損はない。潜在意識から送られる貴重なアイデアは、メモに残してあとでしっかり活用しましょう。

そんなときに活用したいのが、貼ってはがせるタイプの付箋。ちょっとしたひらめきも、さまざまなキーワードでカテゴリー分けすれば、そこから新たな発想や展開につながるかも。

付箋を仕事の「見える化」に活用 ノートに貼っておくと役に立つ！

やるべきことやひらめきを「見える化」する付箋の活用法

1 タスクやスケジュールを見える化して管理する

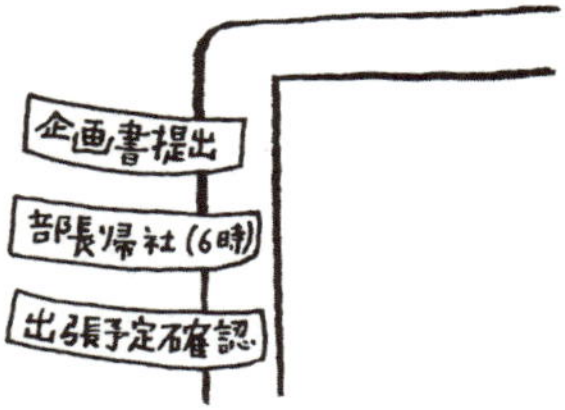

その日にやることを付箋に書いて貼っておけば、常にタスクを意識しながら作業できる。

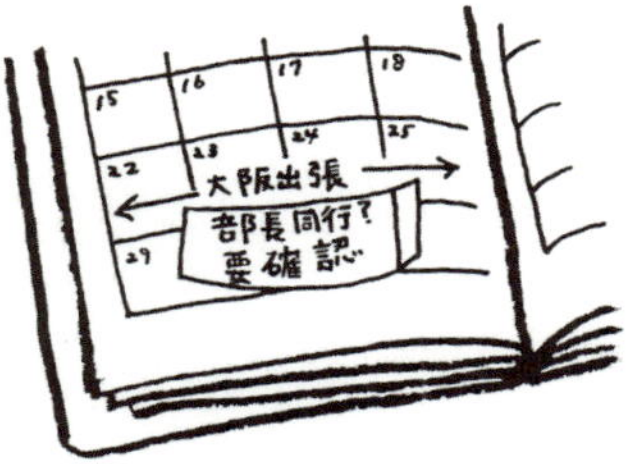

スケジュールの変更、付記情報を書いて貼り付け、確認もれを防止する。

2 目につく場所に貼って アイデアを見える化する

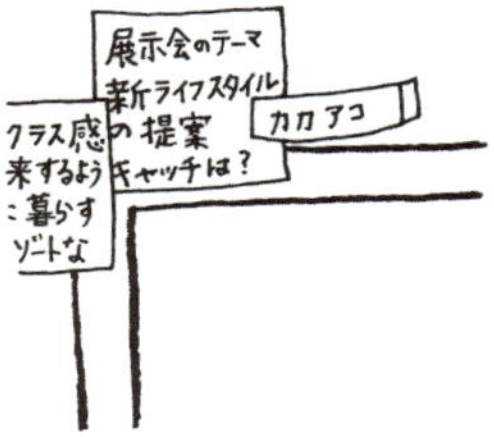

ただの「思いつき」のようなことでも、付箋に書いて貼っておくと意識が向いて新たな発想につながる。

3 ノートに貼って アイデアをストックする

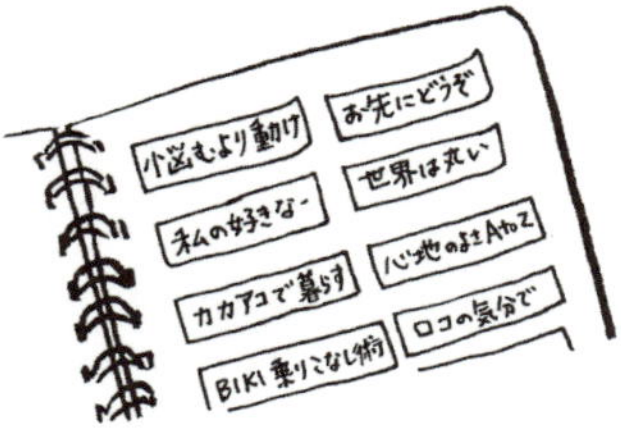

頭に浮かんでは消えていく「ひらめき」も、ノートに貼って保存しておけば、思わぬところで役に立つ！

捨てる前にもうひと働き、こんな使い方も！

メモやしおり代わりに使った付箋を、捨てる前にホコリ取りに活用。

貼り付けるペタペタした部分で細かいゴミを取る。

キーボードのスキマに折って差し込む。

はっぴい
COLUMN

リアル
VOICE
特別編

スケジュール管理は どんな方法でしていますか? デジタル、アナログ、あなたはどちら?

20代後半から40代前半までの男女105人に、スケジュール管理の方法についてのアンケートを実施しました。

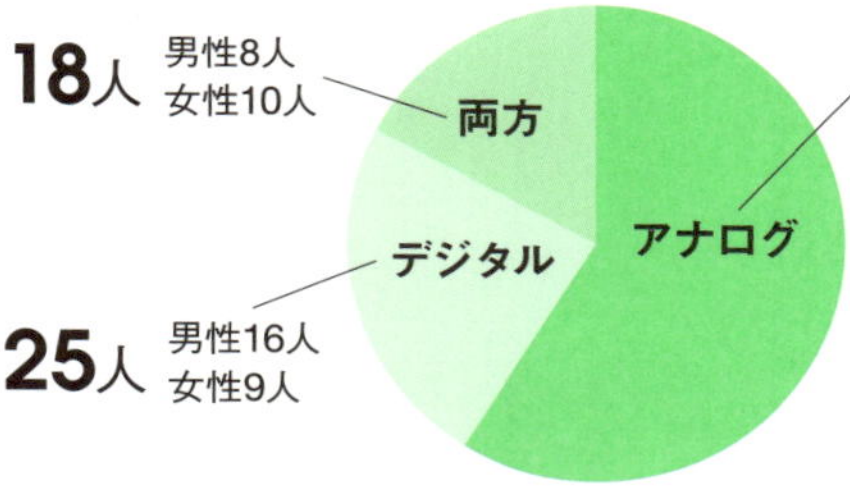

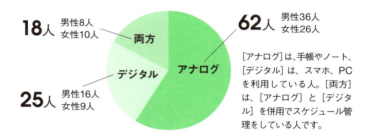

[アナログ]は、手帳やノート、[デジタル]は、スマホ、PCを利用している人。[両方]は、[アナログ]と[デジタル]を併用でスケジュール管理をしている人です。

手帳に手書きのアナログ派

●スマホは便利だと思うけど、入力が面倒。手書きすると忘れにくいのもメリット。手帳は確認する程度で、スケジュールはほぼ頭の中に入っている。(男性・37歳)

●レフィル式の手帳を愛用。1日1ページのものなのでスペースたっぷり。仕事とプライベート、日記、メモ帳と何役も兼ねて、ページを開けばすぐわかるところが便利。(女性・28歳)

スマホ、タブレット、PCで使いこなすデジタル派

●アラームなどの設定、他のデバイスとの同期や、家族とスケジュールの共有ができるスマホが便利。(32歳・男性)

●以前は、手帳とスマホを併用していたけれど、今はスマホで一括管理。アイコンや絵文字を使ってかわいらしくデコってます!(女性・33歳)

メリットを活かして使い分ける両方派

●仕事の予定は手帳に。個人的な予定は家族と共有してGoogleカレンダーを利用しています。(男性・39歳)

●仕事のスケジュール管理はデジタルで、手帳はプライベート用。他の人と共有するかしないかをポイントに使い分けています。(女性・29歳)

PART 8

仕事力アップはここから！
「美デスク」の作法

使いやすく整理整頓して
デスクも頭もスッキリ！
快適に仕事が進むこと間違いなしです。

デスクまわりが散らかってイライラ、仕事ができない！

HAPPYのツボ

デスクがスッキリするだけで仕事の効率がUPすることも

整理整頓は、私も得意なほうではありません。しかし、社外の人が出入りすることもあるオフィスでは、見た目をスッキリさせておくことはもちろん大切ですし、ゴチャゴチャしているデスクでは、仕事の効率が悪くなります。

何より、やる気が上がらないことが最大のデメリットです。1日の大部分を過ごす場所なので、自分の好みやクセが出てしまうのは仕方がないこと。ただし、仕事の場である以上、仕事優先で考えるべきだと思います。

オフィスとプライベート空間との大きな違いは「共有」。書類からペンやハサミといった細々とした文房具類まで、業務に関わるモノは、部署の誰でも置き場がわかるようにしておく、というのが原則です。

モノを使ったら元の場所に戻す。デスクまわりが散らかってしまうのは、こんな「当たり前」のことができていないから。まずは、必要なモノの「住所」を決めることからはじめましょう。

“スッキリ使いやすく”できるデスクのつくり方

片付け下手な人でも“システム”を作ればあとは楽勝！

「使ったらしまう」を守ればモノは散らからない

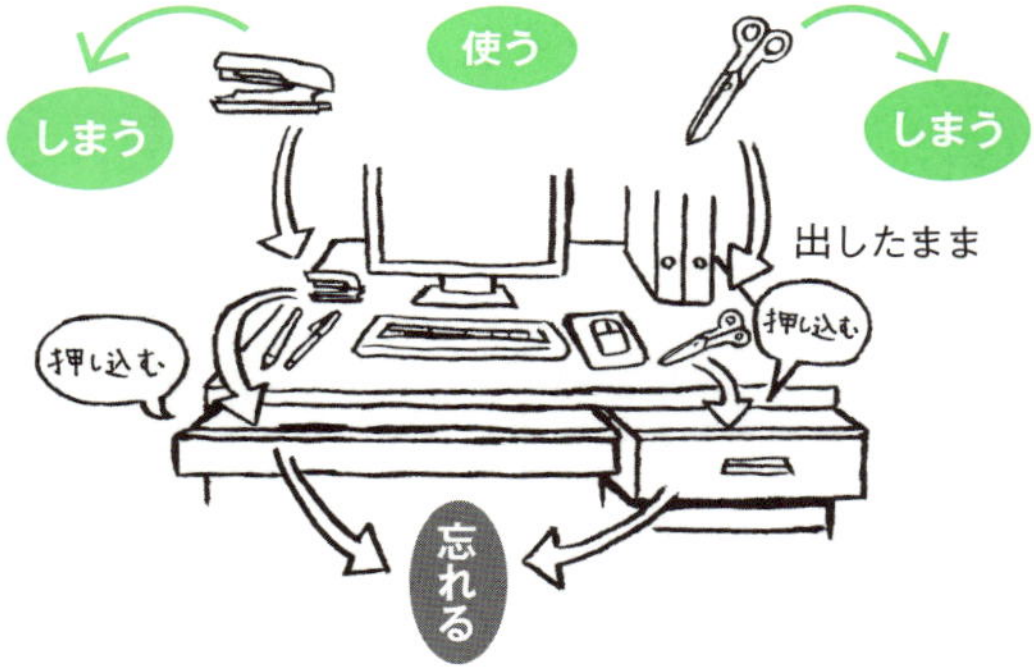

デスクの上をいつもキレイにしておくのは簡単。モノを使ったら、元の場所にしまえばいいのです。それができないのは、しまう場所が決まっていないから。出したまま、適当なところに押し込むことが常習化すると、デスクの上や引き出しの中がモノでいっぱいになるうえに、どこにしまったのかさえも忘れてしまいます。

デスクの上はゾーンで使いこなす

効率よく仕事をするためのポイントは「動線」。つまり、手の動きに合わせてモノを配置することが大切。デスクの上は、図のように、手前側A、右側奥B、左側奥Cの3つのゾーンに分けて使うのがポイントです。

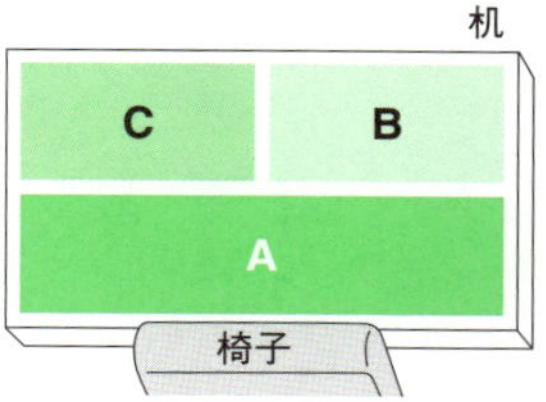

Cゾーン　左側奥

使用頻度の低いモノや仮置きのスペース

電話は、このゾーンに置いたほうが、右手にペンを持ってメモを取るのに便利ですが、左右どちらでも自分が使いやすいほうでOK。
※左利きの人はBゾーン。

Bゾーン　右側奥

常時使うモノ

よく使うファイルやペンスタンドなど、使う頻度の高いモノは、Bゾーンにまとめます。
※左利きの人はCゾーン。

Aゾーン　手前側　**作業スペース**

デスクの手前側は、資料やノートを広げたり、キーボードやノートPCを置いたりと仕事の中心になる場所。デスクの奥行きの2分の1くらい、できるだけ広めにスペースを確保しておきましょう。

デスクまわりは「定位置管理」モノの置き場所を決めておく

引き出しの中がゴチャゴチャ、モノを探すのに時間がかかる！

HAPPYのツボ

探しモノをする時間を減らすカギは、引き出し上段の「使い方」にあり！

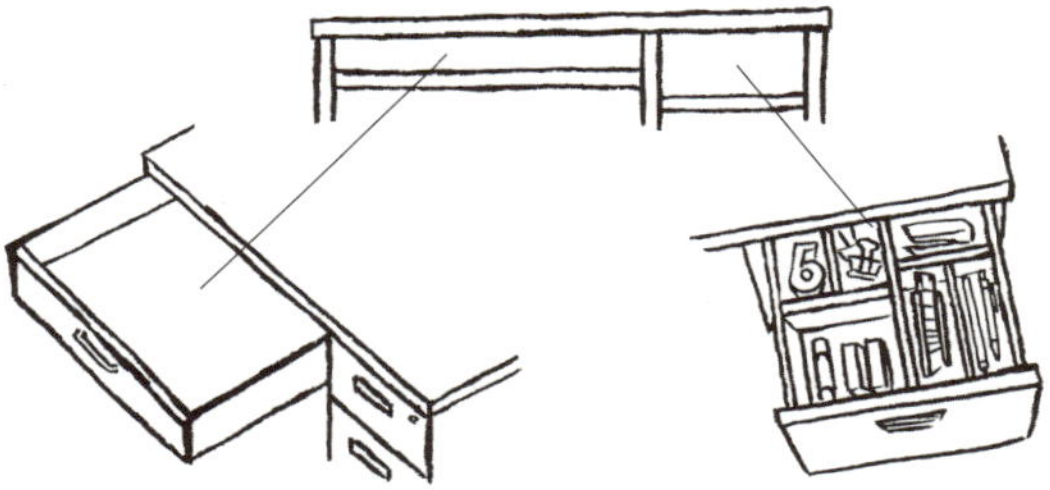

浅いほうの引き出しは「空っぽ」を目指す

アイテムごとに細かく仕切る

上段2つの引き出しを使い分ける！

探しモノが多くなる理由は、〝出し忘れ〟や〝置き忘れ〟なのだそうです。

でも、オフィスのデスクまわりの狭いスペースの場合は、使ったあとで出したまま、置いたままでも、モノは手が届く範囲にあるはず。それが見つからないというのは〝しまい忘れ〟。つまり、どこにしまったのかを覚えていないからではないでしょうか。

モノを、「適当な場所」に押し込むと見た目にはスッキリします。オフィスで「適当な場所」といえば、デスクの引き出し。どんどん押し込んでいたら、モノでいっぱい、ゴチャゴチャするのは当然の結果です。

そもそも引き出しの中がゴチャゴチャするのは、モノが多いのが原因。仕事で使うモノは限られているはずです。

引き出しに入れたままになっているモノを、バサッと処分すれば一気に解決。要るモノ、要らないモノを仕分けることで、判断力も磨かれます。片付けにかかる時間は、モノ探しから解放され、時間を有意義に使えるようになるための投資です。

収納場所が増えればモノが増える たくさん入れようと思うのが間違い！

ゴチャゴチャからスッキリへ。使いやすい引き出しへの3ステップ

STEP 1　必要なモノと捨てるモノに分別する

引き出しの中のモノをすべて出して、必要なモノ、捨てるモノに仕分ける。

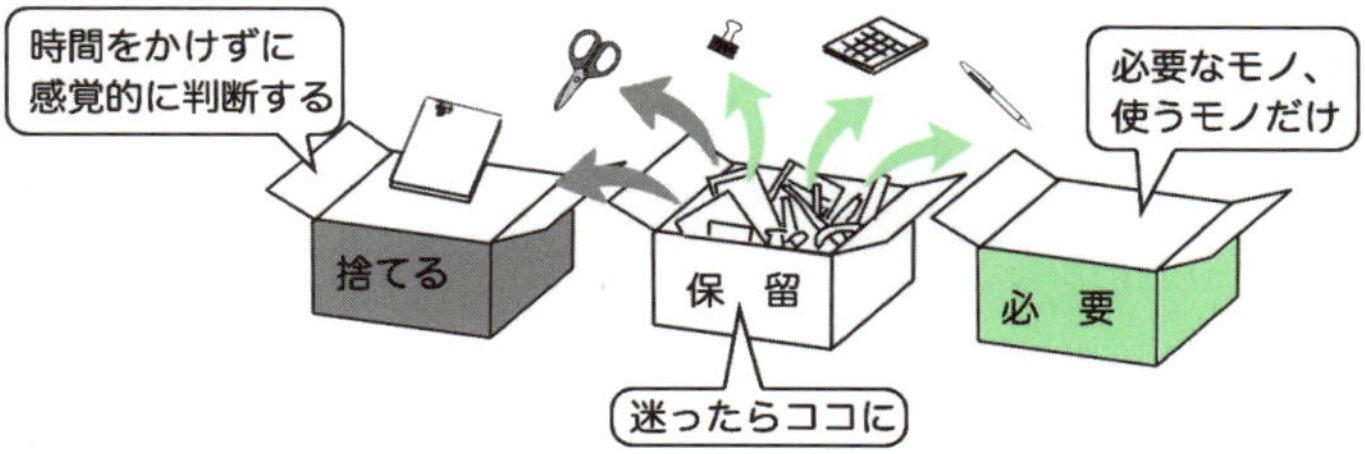
時間をかけずに
感覚的に判断する
捨てる
保留
迷ったらココに
必要なモノ、
使うモノだけ
必要

STEP 2　引き出しごとの役割を意識して モノのしまい場所を決める

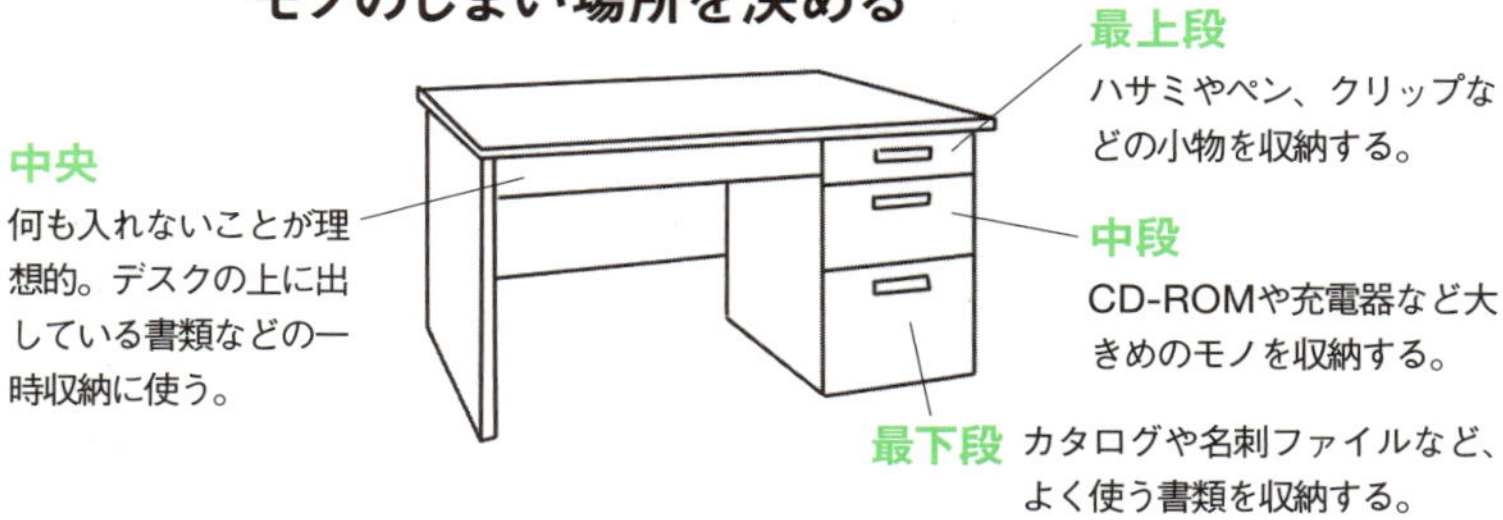
中央
何も入れないことが理想的。デスクの上に出している書類などの一時収納に使う。
最上段
ハサミやペン、クリップなどの小物を収納する。
中段
CD-ROMや充電器など大きめのモノを収納する。
最下段
カタログや名刺ファイルなど、よく使う書類を収納する。

STEP 3　「必要なモノ」を決めた場所に戻す

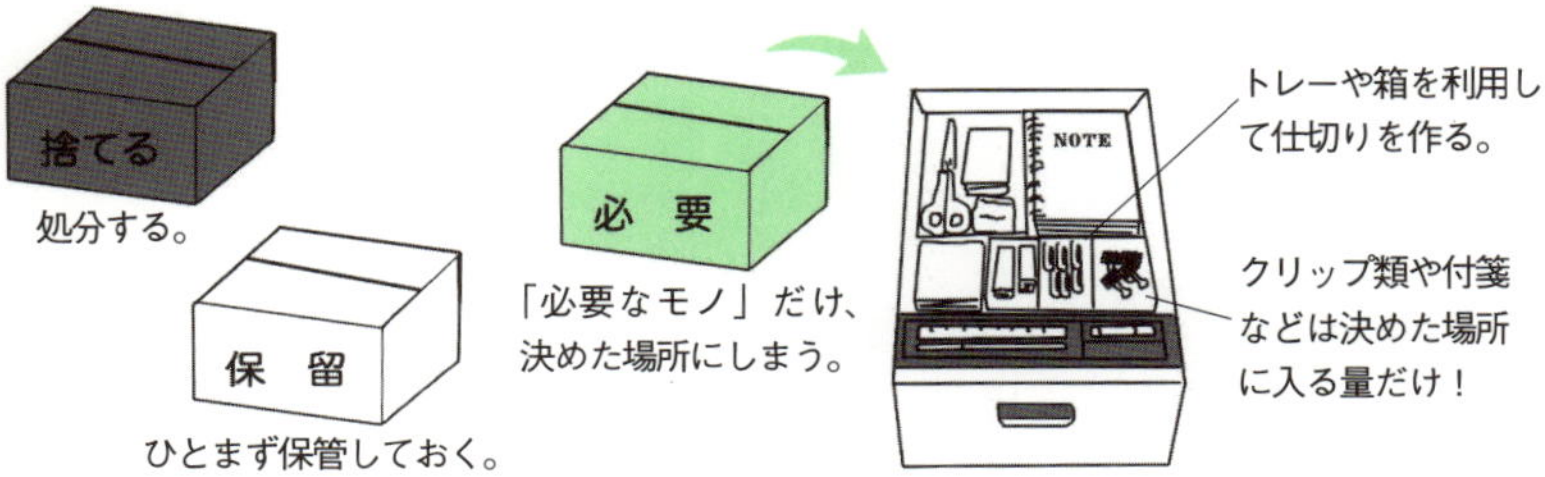
捨てる
処分する。
保留
ひとまず保管しておく。
必要
「必要なモノ」だけ、決めた場所にしまう。
NOTE
トレーや箱を利用して仕切りを作る。
クリップ類や付箋などは決めた場所に入る量だけ！

隣からどんどんモノが侵入してきて仕事ができない！

仕事あるある

領域確保の光と影。
やけに肩がこると思ったら……

ここ数年、従来の独立型デスクに代わって、複数の人で広いスペースを使う共有型デスクを導入するオフィスが増えてきました。

一人1台が当たり前になったPCを置き、作業スペースも確保するための工夫であり、省スペース化によってオフィス全体の空間にゆとりが生まれます。

ただ、その一方で、「ここからここまでが自分のスペース」という〝領域〟がハッキリしないという新たな問題が浮上。あなたが「隣の人がはみ出してくる」と不満でも、隣席の人は「自分のスペースにちゃんと収まっている」と思っていることもあるわけです。

荷物や書類が自分側にどんどん侵入してきても、区切りがないだけに、なかなか面と向かって言いにくいもの。しかし、黙っていれば、ストレスになります。

これは、部署や会社全体の問題でもあるので、まずは上司に相談するといいでしょう。また、ファイルを立てたブックエンドを隣の人との境界線に置くなどして、それとなく自分の領域をアピールすれば、カドも立たないはずです。

オフィスは〝働く人ファースト〟誰もが気持ちよく働ける工夫が大事

自分のデスクだけでもきれいにするとこんなメリットがある！

- モノを探したり、書類を整理したりする時間を節約できる
- 広々とデスクを使える環境だと集中力がアップする
- 物事を計画的に進められるようになり心にも余裕が生まれる

隣の人がうらやましがる美デスクの作り方

その1　デスクの上から「要らないモノ」を撤去する

スッキリ見えるポイントは〝モノが少ない〟こと。PCと電話だけが理想。

私物は1～2個に限定。〝テリトリー意識〟が強すぎるのはNG。

その2　デスクの上に「散らかりやすいモノ」をまとめる

散らかりやすいモノは、デスクの一角に定位置を決めてまとめる。

その3　デスクの掃除アイテムを常備する

一日の終わりや、ホコリや汚れに気づいたときにちょこっと掃除するだけで、仕事に集中できる快適環境をキープ！

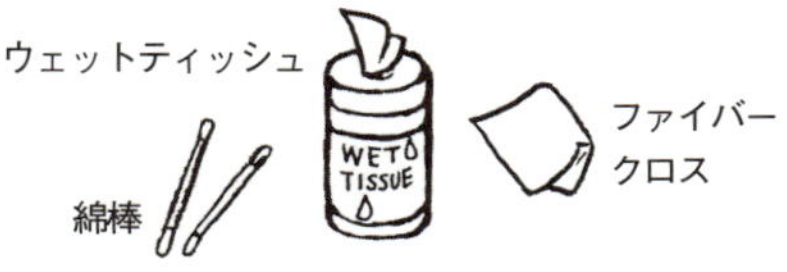

席に戻ると書類の山が……サクッと整理するいい方法は？

仕事あるある

紙のメリットも捨てがたい。ペーパーレス化はまだ多難

ある統計によると、オフィスでモノを探すことに費やす時間は、平均で1日約30分。つまり、1ヵ月で15時間、ほぼ半日探し物をしていることになります。

そして、探しモノのトップは、書類やカタログなどの「紙モノ」。デジタル化が進んでも紙で保管する書類はまだ多く、完全ペーパーレス化は難しいようです。

業務の都合で紙で保管する必要があり、書類整理に手間がかかることもあるでしょう。忙しいときに「これ、整理しておいて」なんてドサッと置かれたり、「あの書類どこ？」なんて聞かれたりしたら、思わずキッとにらみ返したくなるのもしかたありません。

でも、オフィスで保管する書類は「共有」が基本。書類のずさんな管理は、紛失や情報漏洩にもつながるので、自分が関係している書類だけでもしっかりと管理しておきたいものです。

整理整頓上手に共通するのが〝日頃の心がけ〟。デスクまわりはスッキリ片付け、「あの書類どこ？」と聞かれても困らない、書類整理のコツをご紹介しましょう。

書類整理のコツはたった3つ 見出しをつける・立てて収納・捨てる

まずはあなたのデスクまわりから書類をスッキリ整理しよう！

書類探しの「困った！」の簡単解決法

自分のデスクまわりをチェック

- □ デスクの上に山積みされた書類がある
- □ ファイルに収納していない書類が、机上や引き出しにたくさんある
- □ 机上や引き出しだけではスペースが足りず、段ボール箱に入れている。あるいは、床に直接書類を置いている
- □ どこにどの書類があるのかわからない

→ 1つでも当てはまることがあればさっそく書類整理をスタート！

- **整理する前に書類を保管する量や場所を決める。**

  1ヵ所に保管する書類の量は、収納場所の7割が目安。3割は、新たに増える書類の保管のために確保。

- **保管するのは、決めた場所に収納できる量だけ。入り切らない分は、一時保管用のボックスに入れておく、デジタル化する、処分するの3つの方法で。**

1 ファイルに見出しをつける

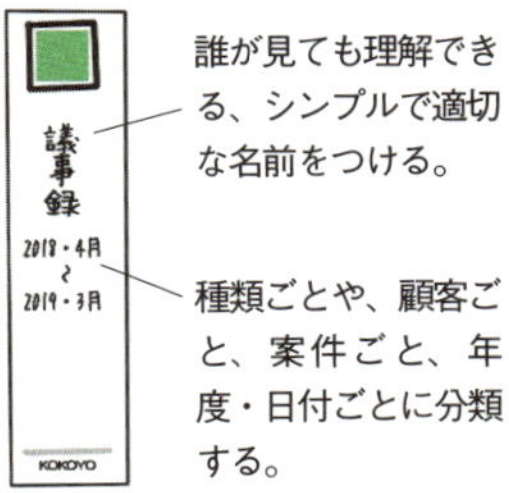

議事録
2018・4月
〜
2019・3月
KOKOYO
誰が見ても理解できる、シンプルで適切な名前をつける。
種類ごとや、顧客ごと、案件ごと、年度・日付ごとに分類する。

2 決めた場所に「立てて」収納する

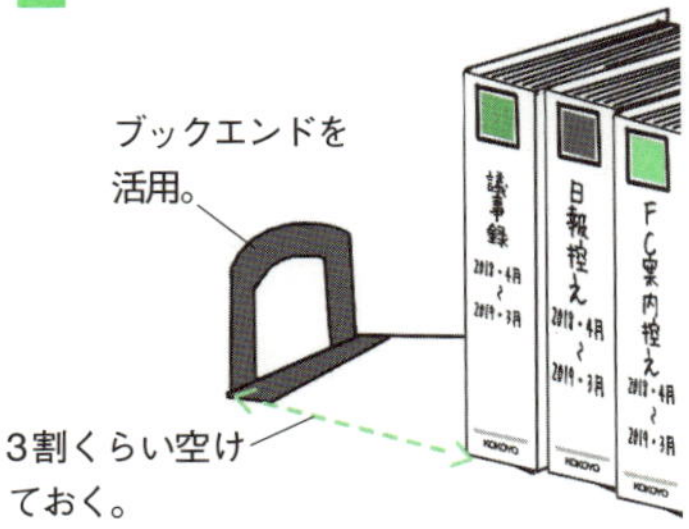

ブックエンドを活用。
3割くらい空けておく。
議事録
日報控え
FC案内控え
KOKOYO

3 スペースに入り切らない分は古いモノから「捨てる」

処分を判断する目安

- □ 1年以上見ていない、情報が古い、最新版ではない
- □ デジタル化してある、インターネットで再入手が可能
- □ 同じモノが複数ある　※1部を保存する　□ 作成者が不明

仕事ができる人はデスクが片付いているってホント？

仕事あるある

デスクの下までモノがいっぱい。頭の中も要らないモノでいっぱい？

整理整頓が上手な人は仕事ができる、という話、聞いたことはありますが、それを裏付けるデータがあるわけではなさそうです。

でも、私の経験上、確かにデスクの上がいつもきれいに片付いている人には、仕事の能力も高い人が多くいます。

その理由はたくさん考えられます。まず、モノを整理するのが上手ということは、片付けを通して「自分に必要か不要か」を判断したり、モノの配置を工夫して効率よく動ける動線を常に考えているということ。これは、一見関係ないように思えて、実は、仕事のスキルアップにもつながることなのです。

私自身は、考えがまとまらないとき、片付けが気分転換の1つになっています。洋服や手紙の整理をしていると、不思議と頭の中がスッキリ。身のまわりが片付くと、仕事もおもしろいほどはかどります。

仕事のスキルアップもストレス解消もできる、片付け上手を目指しましょう。

仕事がはかどらないときは デスクまわりを片付けてみよう

退社前の「片付け習慣」で仕事のやり方が変わる！ 残業が減る！

片付けが苦手でも「デスクまわりスッキリ」をキープできる3つのポイント

- 片付けるのは「仕事がしやすい環境」を作り出すことが
  目的であることを意識する
- 整理整頓は〝習慣〟
  一気に片付けるより、気づいたときにできることをするほうが効果的
- 週に1回、月に1回でもよいので「要らないモノ」を処分する

大切なのは「気づき」。ゴミはその場で捨てればたまらない！

1 「使いにくい」と思ったらその場でメモする

使い勝手が悪いと感じた場所、つい出したままになるモノに気づいたらメモしておく。できればその場で、遅くとも2～3日中にモノの配置や置き場所を変える。

2 モノを見たら「要る・要らない」を見極めるクセをつける

デスクの上が散らかるのは、要らないモノを溜め込んでいるのも原因の1つ。一時置き場用のボックスを用意して、「要らないモノ」を見つけたらその場で入れる。

3 1日1回、お片付けタイムを設ける

おすすめは、一日の仕事の終了後。退社前にデスクの上に出ていたモノを片付けておくだけでも、翌朝、出社したときから気持ちよく仕事が始められる。

4 紙くずが多い人はMyゴミ箱を用意する

小さな空き箱や、レジ袋でもOK。紙の切れ端や小さなゴミをまとめておく。

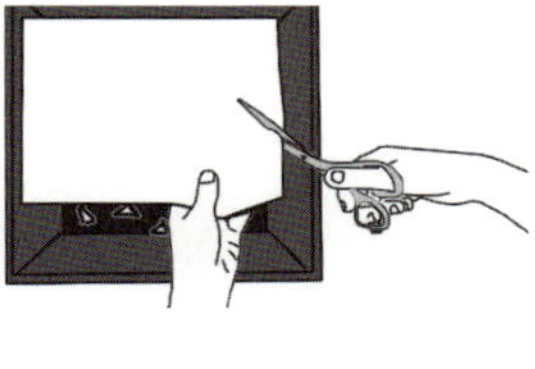

デスクトップを埋め尽くすファイルをどう整理する？

仕事あるある

同じアイコン、同じような名前、うっかり消去で今日も残業！

　PCのデスクトップにずらーっとファイルのアイコンが並んでいる光景は、私も何度か見たことがあります。好きでやっている人もいるようですが、大半は、ファイルをどんどんデスクトップに「直貼り」をした結果です。

　PCのデスクトップにたくさんのファイルが置きっぱなしになっているのは、オフィスのデスクの上が散らかっているようなもの。仕事で使うデスクと同じように使いやすく片付けておくべきです。

　ところが、紙と違ってデジタル書類は、大量に溜まっても邪魔になりません。PCの処理スピードが落ちるといっても、慣れてしまえばそれがふつう。整理する必要性をあまり感じないのです。

　その結果、PCの中には要らないファイルがますます溜まっていきます。思い切った断捨離が必要なのは、紙よりデジタルなのかもしれません。

　基本的な整理のルールは、紙と変わりありません。「探しやすさ」を意識して、フォルダに分類して保管、定期的に要らないモノを処分。デスクトップをスッキリ片付けましょう。

フォルダは2階層まで ショートカットファイルを活用する

仕事のPC スッキリ使いやすくする3つの方法

1 デスクトップにファイルを放置しない

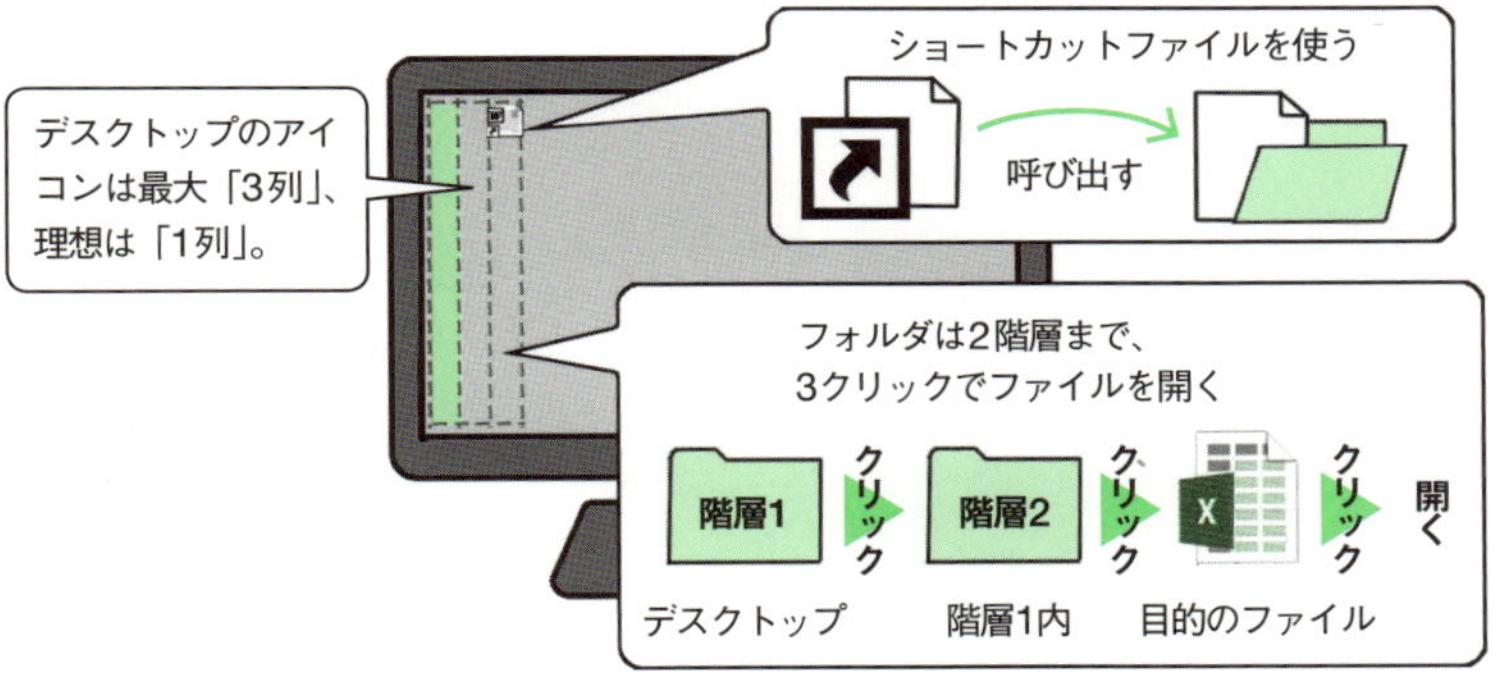

2 添付ファイルはリネームしてから保存する

メール添付やダウンロードしたファイルは、ファイルを作成した人のルールで名前がつけられています。そのまま保存すると、あとで探すのが大変。自分のルールに従ってリネームしてから保存しましょう。

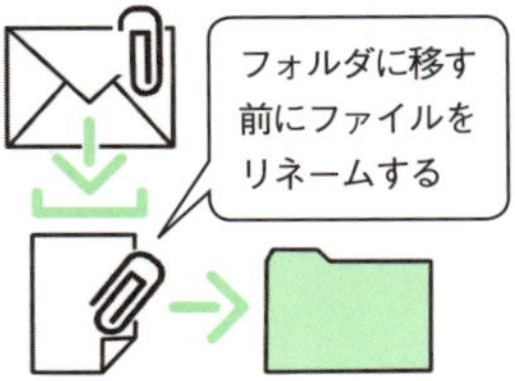

3 ダウンロードしたファイルは同じフォルダに保存する

ダウンロードのたびに保存先を変えると、ファイルがあちこちに散らばってしまいます。どこに保存したのか忘れてしまうと、ファイルを探す手間がかかります。

ダウンロードの保存先は、1つのフォルダに設定。一括保存しておけば、それぞれ適切な場所に移動させる、不要なファイルを削除するなどの管理も簡単にできます。

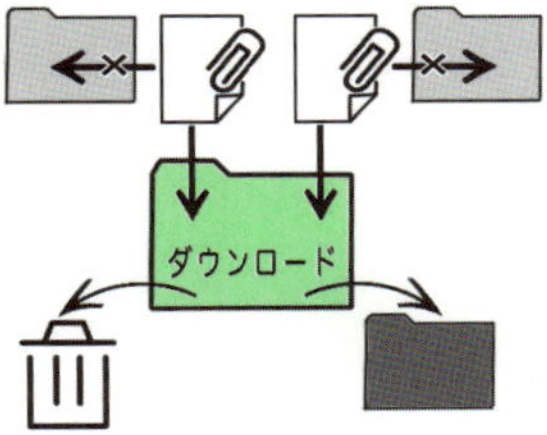

情報管理はデジタルだけで十分？　紙で残すことは必要？

HAPPYのツボ

デジタルにはないよさがある？
カセットテープが人気復活！

自宅の棚からビデオテープがなくなったのは、ずいぶん前のことです。今や、映画も音楽も、デジタルメディアが主流。家の中がスッキリしてうれしい一方で、不便だけれど温かみのあるアナログ文化が懐かしく感じることもあります。

　さまざまな分野でIT化が進み、仕事場では従来のデスクとPCの「2つのデスクトップ」を持つ時代です。「e-文書法」の制定（2004年11月）でペーパーレス化は進みつつありますが、紙の書類もまだまだ健在。私たちは、2つのデスクトップで、紙とデジタルの2つの情報を管理しなければなりません。

　管理の方法は、会社の方針に従うのが原則ですが、自分が関係する仕事の情報は、いつでもすぐに使えるようにしておきたいもの。それには、どちらのメリットも活かして、自分が使いやすいルールを決めておくことが大切です。

　いくらデジタルが便利でも、今まで紙だったものを一気にデータ化すると混乱が生じます。とくに、仕事相手とのやりとりでは、相手のITスキルに合わせる気遣いを忘れないようにしましょう。

紙とデジタルの連動を意識した自分ルールを決めて管理する

見つかる・使えるファイル整理のルール

1 名前の基本ルール

ファイル名

20190330 _ **定例会議**

日付　つなぎ記号　内容

つなぎ記号はハイフン［-］かアンダーバー［_］のどちらかで統一する。

フォルダ名：用件別

例：「議事録」
▶会議の記録など用件ごとにまとめる。

フォルダ名：相手先別

例：「江戸川商事」▶社名
「富士山部長」▶提出先
主フォルダや相手先のあるファイルに適する。

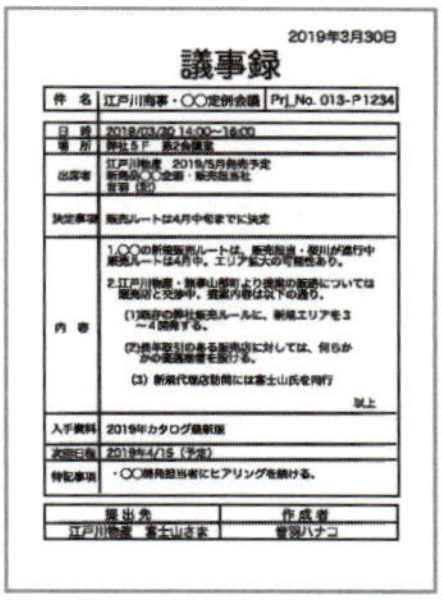

2019年3月30日
議事録
件名
Prj_No. 013-P1234
内容
以上
入手資料　2019年カタログ最新版
特記事項
提出先
作成者

フォルダ名：日付・数字別

例：「2019年3月」▶期間ごと
「01_議事録」▶用件ごと
サブフォルダに適する。

「文書」「画像」などファイルを保存形式別にまとめる方法は、探しにくいので避けたほうがよい。

2 保存のルール

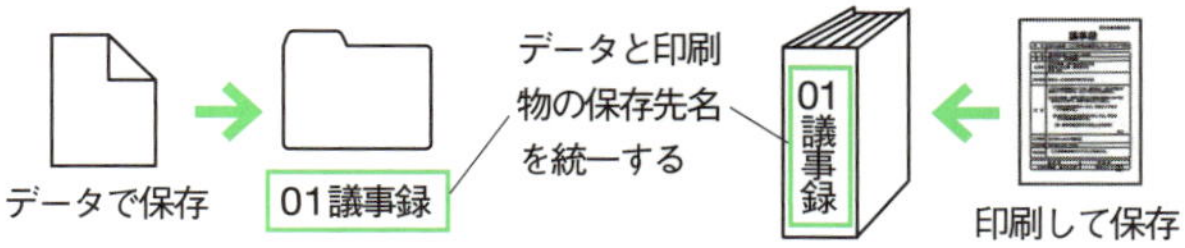

データで保存
01議事録
データと印刷物の保存先名を統一する
01議事録
印刷して保存

●散らばらない、ファイルが見つかる「フォルダ体系」の作り方

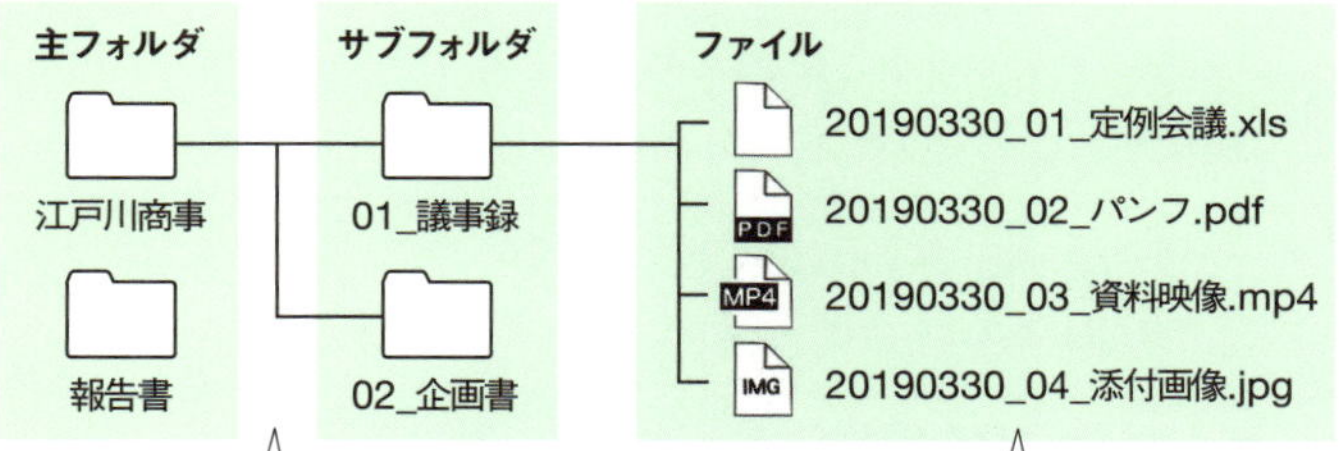

主フォルダ
江戸川商事
報告書
サブフォルダ
01_議事録
02_企画書
ファイル
20190330_01_定例会議.xls
PDF
20190330_02_パンフ.pdf
MP4
20190330_03_資料映像.mp4
IMG
20190330_04_添付画像.jpg

主フォルダとサブフォルダの2階層が理想的。1つフォルダに入れるサブフォルダやファイルは20件程度、多くなる場合は別にフォルダを作って分ける。

ファイルの保存形式に関係なく、フォルダの分類ごとにまとめる。日付+通し番号をつけると順番に並ぶので見つけやすい。

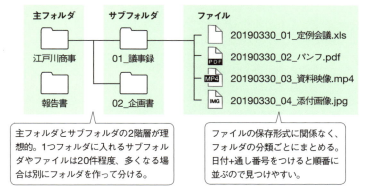

はっぴい
COLUMN

意外なときに「あると便利！」

絶対に必要ではないけれど
オフィスにあるといいもの

誰かが持っていると助かる！ 爪切り

キーボードをたたいたり、書類などの紙類に触れていたりすると、気づかないうちに指先の水分が失われていきます。乾燥すると、爪が割れやすくなったり、ささくれてしまったり。そんなとき、引き出しの中に爪切りがあったらいいのに、と思ったことはありませんか？　男女関係なく重宝されます。

送付状やメッセージカードにもなる 個性派の付箋

最近の付箋は色もデザインも多彩。会社の備品とは別に自分らしい「付箋」をぜひ常備しておきましょう。吹き出しの形をしたものや、動物・食べ物の形をしたもの、イラストの入ったものなど、最近の付箋は色もデザインも多彩。自分好みの付箋を貼っておくだけで、デスクまわりが楽しい雰囲気になりそう。カジュアルな送付状として、ちょっとしたプレゼントに添えるメッセージカードとして使うのもおすすめです。

身だしなみを整えるために 靴磨きセット

お客様に会うときに身だしなみを整えておくことは、ビジネスパーソンの常識。名刺を交換するときに、相手の視線が注がれるのは最初は「手」、次に「足元」です。そんなときに、靴が汚れていては印象がよくないはず。雨や泥汚れから大切な靴を守り、長持ちさせるためにも、汚れ落とし剤と布くらいでいいので「靴磨きセット」を用意しておきましょう。

人と会う前にシュッとひと吹き シワ取りスプレー

長時間のデスクワークや乗り物での移動などで座っていると、服にシワがよってしまうことがよくあります。座りジワをアイロンなしで伸ばせるのが「シワ取りスプレー」。来客前や外回りから戻ったときに、シュッとひと吹きすると短時間でシワが取れるので、オフィスに1つ常備しておくと便利です。

ティッシュよりも便利な ウェットティッシュ

ティッシュはたいていのオフィスで常備していると思いますが、ウェットティッシュがあるとさらに便利。デスクの汚れを拭いたり、手や顔を拭いたりもできるので、スッキリした気分で仕事ができます。

PART 9

今日より明日はもっと輝く「はぴきゃり成長戦略」

「変わらない」でいることは後退していくこと。
昨日、今日、明日、日々成長し、
変わっていく自分にわくわくしてみませんか?
成長するためには「戦略」が必要です。

将来のために今しておくことは？

HAPPYのツボ

「学び予算」は自分のために しっかり使い切る！

手取り月収

学び予算	貯金	生活資金
2割	2割	6割
別口座	別口座	給与振り込み口座

貯める

使い切る　本やテキストの購入。スクールやセミナーの受講料。見識を広げたり、感性を磨いたりするために映画やお芝居を見る、食事、旅行、資料等の購入にかかる費用。

お給料に不満のある人は多いと思います。でも、「あなたの働きならこの金額」と客観的に判断されたのが、現在の収入です。厳しい言い方ですが、自分は「今のままでいい」と思っている限りは収入アップは難しいでしょう。

「変わらない」でいるということは、実はどんどん右肩下がりになっていくこと。逆に、今より成長しようという意識を持ち、レベルアップしたあなたなら仕事においても収入においても、選択肢が広がっていきます。

成長するためには「学び」が必要です。仕事に関連する技能や能力を高めること、あるいは、1人の人間として知識や感性を磨くこと。収入アップはもとより、能力を生かす仕事や幸せな人生のためにもよい方法だと思います。

分野にとらわれず幅広い知識を身につけ、深めるリベラルアーツが注目されているように、「学び」は、語学や資格の習得といった〝勉強〟とは限りません。美術館に行く、ミュージカルに親しむなどで養われる美意識が、よりよい人生を築くことにつながります。気になったものに素直に触れてみましょう。

「いつか」のために「今」できることをする

お給料の使い方を見直して「学び予算」を確保しよう！

HAPPYの種

備えあればチャンス到来！「今」はじめれば「いつか」はどんどん近づいてくる

幸せになるためのお金はどうやって貯める？

月収の6割

別口座に入れる		1ヵ月の予算	
学び予算	貯金	**変動費** その月によって金額が変わる自由に使えるお金 被服費、美容費、レジャー、交際費など	**固定費** 毎月必ず出ていくお金 家賃、公共料金、食費、ローン、生命保険料など
しっかり確保する		減らし過ぎは禁物	まず固定費から見直す

●「貯金」と「学び予算」は別口座で管理する

それぞれ月収の2割を別口座で管理して、毎月の生活費は月収の6割でやりくりする

●生活費を減らすなら、まず「固定」から見直す

「変動費」を減らすと生活がすさんでしまうので、節約するならまず「固定費」の見直しを。生命保険料や家賃などの削減を考えてみる

出典:ファイナンシャルアカデミー「お金の教養講座」

お給料の2割を自分を磨く「学び予算」にあてる

選択の基準は「幸福度」。使い道のジャンルは問いません。「うれしい」「楽しい」「幸せ」と感じるヒト・コト・モノに触れ合ううちに、自分の「やりたいこと」の方向性がハッキリと見えてくるはずです。

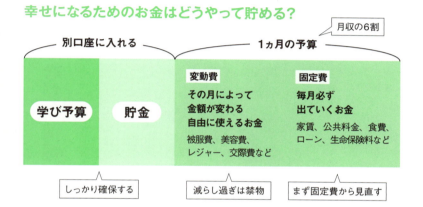

ステップアップにつながる情報はどう手に入れる？

どこにいてもインターネットに接続できる端末を、誰もが所有している時代です。

調べ物をするにも、事典や辞書よりネット検索のほうが断然便利！　検索ボックスにキーワードを入力&クリックすれば、一瞬で膨大な情報が手に入ります。

ただし、情報が多すぎて、本当にほしい情報に辿り着くまでに時間がかかることも。検索上位に来るものがジャストフィットではないケースも多々あります。

個人が世界に広く情報を発信できるメディアでもある素晴らしいネットの世界には、落とし穴もいっぱい。不正確な情報、怪しい情報もたくさんあって、すべてが有益とは限りません。

だからこそ、検索エンジンを上手に使うことが、仕事においても、重要なスキルになります。

検索能力には個人差があります。私の周りを見ても、ネット検索が上手な人と、そうでない人がいます。この差は何でしょう。

それは言葉、つまりキーワードの選び方です。あとは、検索エンジンの機能をフル活用すれば、精度の高い情報が手に入ります。

HAPPYのツボ

「キーワード」がわからない！　そんなときはまずこの方法を試す

人名や名称の一部しかわからない → 部分で検索

名前や商品、店名などの名称、職業や所在地などわかることの一部だけをキーワードにして、絞っていく

写真など画像はわかるが詳細がわからない → イメージ検索

検索エンジンのトップページから人名や名称をキーワードに入力し、「画像※」をクリック→同名やキーワードが含まれる画像の中から絞り込む　※Googleの場合

日本語では検索してもヒットしない → ローマ字・英語で検索

キーワードをローマ字または英語にして検索→海外サイトやイメージ検索から絞り込む

ほしい情報を確実に手に入れる「検索」の達人になろう

この3機能を使いこなせば検索はグンと楽になる！

AND検索　キーワードは3語くらいがおすすめ

キーワード「A」と「B」の両方に関連する情報を知りたい場合に使います。キーワードの間に「AND」を入れる、もしくは間に［スペース］をはさんで「A　B」でもOK。

例：キーワードA「はぴきゃり」キーワードB「本」

はぴきゃりAND本ANDキャリアアップAND転職　［検索］

「AND」と入力。
または［スペース］を入れる

キーワードの数が多くなると
絞り込みに時間がかかる

NOT検索　絞り込みが楽になる

キーワード「A」について調べたいが、「B」については含まないWEBサイトを検索する方法。検索結果には、「A」は含むが「B」は含まないWEBサイトが表示されます。

例：キーワードA「電子書籍」対象外のキーワードB「コミック」

電子書籍ーコミックANDキャリアアップ　［検索］

「A」と対象外「B」の間に
「ー（マイナス）」を入力

「AND検索」と組み合わせると
さらに便利！

あいまい検索　知りたい事柄のあいまいな部分を補完する

検索対象の正式名称が不明、一部分しかわからないときに便利。検索結果には、不明な部分を補完したキーワードで検索したWEBサイトが表示されます。

例：わかっているキーワード「はぴ」「アカデミー」

はぴ＊アカデミー　［検索］

不明な部分に
「＊（アスタリスク）」を入力

正式名称や所在地、系列会社の中から
特定部門を探すときに活用したい機能

読書は必要？〝学び〟も今はネットで十分では？

仕事に関わることや、取材でお会いする方に関係する分野、もちろんその方が書いた本はひと通り読みます。

そして、誰かに、この本面白いよ、きっと好きだと思う、などとすすめられた本は、必ず読みます。

読書時間を作ろうと思うと難しいのですが、スキマ時間で読もうと思えばなんとかなるもの。私の場合は、移動中、お風呂でお湯に浸かりながら、トイレの中、ベッドに入ってからと、それぞれに本を用意して数冊を同時進行で読んでいます。

1冊ずつじっくり読みたい人も、30分、いやたった5分でも空いた時間で読み進めれば、1週間もあれば読み終わるのではないでしょうか。語彙《ごい》力、理解力、想像力、そして文章力。読書にはさまざまなメリットがあります。

とくに、仕事ができる人がすすめてくれる本は必読。自分では選ばないかもしれない本を読むことで、世界観が広がります。

キャリアアップしたい、起業したいという人ほど、本はたくさん読むべし！

HAPPYのツボ　読書で得られる8つのメリット

1. いろいろな**話題**に対応できる
2. **文章力**や**語彙力**が高まる
3. **想像力**、**洞察力**が高まる
4. **コミュニケーション力**がUPする
5. 思わぬところで**仕事**に役立つ
6. **非日常**を体験できる
7. **ストレス解消**になる
8. **スキマ時間**を有効活用できる

人からすすめられた本はジャンルを問わず読んでみる

わずか5分でも時間があったら本を読もう。すると……

相手と共通の話題ができる

そして、本を読むことで……

文章力・集中力・語彙力・記憶力・理解力・想像力　すべてがUP

見る、聞くよりも疲れるが、集中力が身につき、内容が知識として記憶に定着しやすい

前後の文脈も踏まえて読むことによって、新しい言葉や情報を理解し、アウトプットできる知識が身につく

HAPPYの種

どんな本でも読んでおいてソンはない。将来必ず何かの役に立つ！

●さまざまな人とコミュニケーションを取るためには、できるだけ多くの引き出しを持っておく必要があります。

●自分のいる環境で得られない知識を読書で補完することは、仕事においてはもちろん、一人の人間としても大切です。

●自分では選ばないようなジャンルの本こそ、もし誰かにすすめられたら必ず読んでみること。興味がなかったけれどマンガを読んでみたら、自分の周囲にマンガ好きがいて、それがきっかけで友だちが増えることだってあります。

●読書で得た知識をすぐに使えるように、アウトプットする場面をイメージしながら読んでみるのもいいでしょう。たとえばファッションについて話すとき、ファッション誌を読んだことがない人と読んだ人とでは話の深みが違ってきます。

転職するなら何か資格を取っておくべき？

資格の3種類

国家資格
法律に基づき、国や国が委託した機関が認定する資格。取得しなければ業務を行えない「業務独占資格」と資格所有者のみ法律に定める特定の名称を名乗ることができる「名称独占資格」などがある。

公的資格
地方自治体や公益法人が実施し、文部科学省や経済産業省などの官庁や大臣が認定。その分野における一定レベルの能力があることを保証する資格。

民間資格
民間の団体、企業、学校などが、独自の審査基準を設け、認定・授与する資格。多分野にわたり多種多様な資格が存在する。

キャリアアップや転職を目指す人から「何か資格を取得したほうが有利ですか？」といった相談を受けることがよくあります。

資格を取得するためには、勉強をして、知識を蓄えます。どんな資格でも、「学び」によってさまざまな発見や可能性の広がりをもたらしてくれます。

ただし、どんなに難易度の高い資格でも取得した時点では、スタートラインに立っただけ。資格を持っているだけで、自分が望む仕事やポジションを得られるわけではありません。

ポイントは、資格を取得すること自体が目的にならないようにすること。その資格を取ることで、何をしていきたいのかを意識することが何よりも大切です。

資格は、ある分野のことは「あなたに頼みたい」と思われる関係性を作っていくための手段の1つ。そういう意味では、相手によって「見せる資格」と「隠す資格」を戦略的に見極めることも必要です。

自分が目指すポジションを明確にし、資格によってアピールできれば、資格は、必ずあなたの〝強み〟になります。

見せる・隠すの使い分けで資格をブランディングに活用

お金と時間の"かけ損"にしない、資格を転職に活かす方法は？

CASE STUDY 同じ6つの資格を持つ2人の転職

AさんとBさんは、年齢もキャリアもほぼ同じ。現職は「営業事務」ですが、転職を機に新たな職種「商品企画」を希望、同じ6つの資格を持つ2人が採用面接に挑みました。

全部見せなきゃ
モッタイナイ！
でも、お花と野菜は
関係なさそう……
簿記は隠す！
MOSは、
何か聞かれたら
ということで……
Aさん
Bさん

Aさん		資格	Bさん
○	公	カラーコーディネーター	○
○	公	簿記	×
×	民	華道師範	○
○	民	MOS（マイクロソフト オフィス スペシャリスト）	×
○	民	商品プランナー	○
×	民	野菜ソムリエ	○

公＝公的資格　民＝民間資格　○＝見せる・履歴書に記載　×＝隠す・履歴書に記載なし

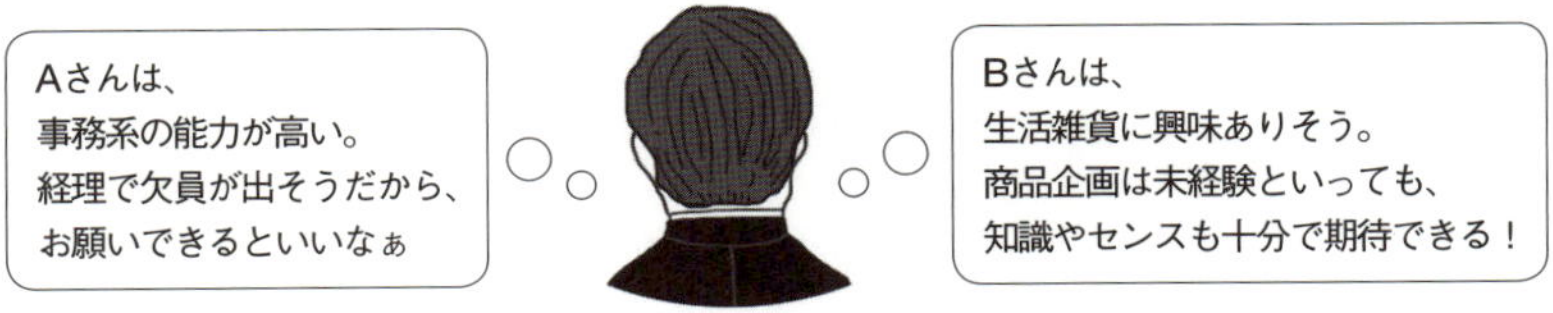
Aさんは、
事務系の能力が高い。
経理で欠員が出そうだから、
お願いできるといいなぁ
Bさんは、
生活雑貨に興味ありそう。
商品企画は未経験といっても、
知識やセンスも十分で期待できる！

面接担当者

あなたが面接官なら「商品企画」にどちらを採用したいと思いますか？

仕事に活かすだけが、資格の役立て方ではないはずです。何かを学びたいという姿勢、趣味・特技を深めたいという探究心といった豊かな人間性を「資格」でアピールするのも1つの方法。やりたい仕事をするための転職が、資格のおかげで思惑が外れたなんてこともなきにしもあらずです。

また、取得には実務経験が必要な資格もあります。転職先でこうした資格を取得したいという前向きな姿勢も、選ばれる理由の1つになるのではないでしょうか。

これといった技能がないとキャリアアップや転職はできない？

HAPPYの種

自分の〝強み〟は今の仕事の「好き」から育つ

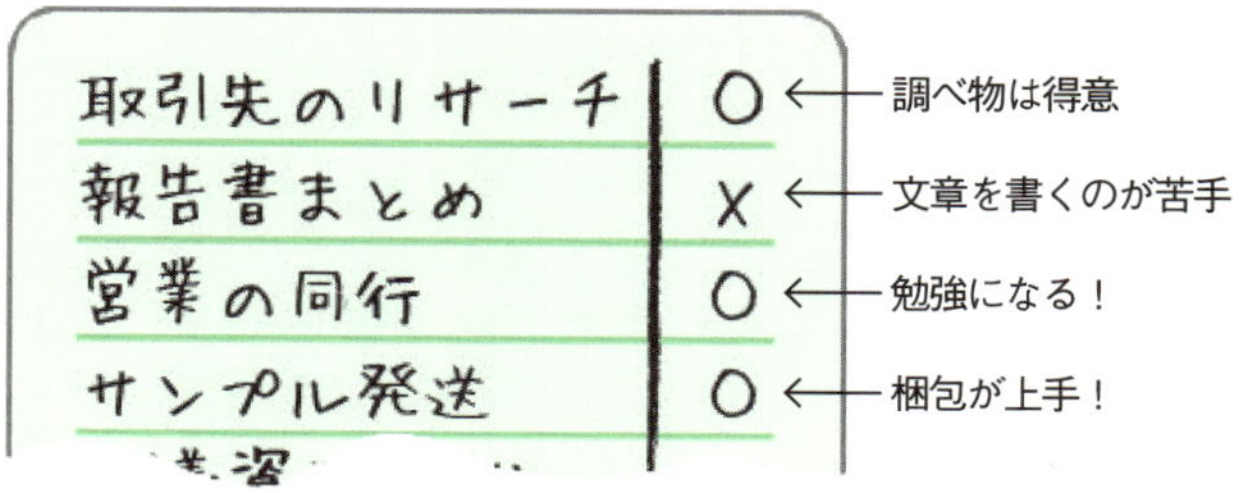
取引先のリサーチ　○　調べ物は得意
報告書まとめ　×　文章を書くのが苦手
営業の同行　○　勉強になる！
サンプル発送　○　梱包が上手！

1日の仕事をリストにして、「好き・嫌い」を判断して、その理由も書き出してみる。自分の得意分野の傾向、苦手分野の克服法がわかれば〝強み〟はどんどん増えていく！

仕事において「できること」は、その人の〝強み〟になります。〝強み〟があれば、周囲から評価され、転職するにも有利になるのは間違いありません。

しかし、「私ができることなんて強みにならない」と思っている人が多いものです。

というのも、「できること」は、自分では「大したことない」と評価しがちだからです。

ところが、あなたの「大したことない」は、人から見れば「すごいこと」の場合が多いのです。あなたが思う「大したことない」を誰かにほめられたことがありませんか？　わからないなら、誰かに聞くのが一番です。

「そんなことか……」とガッカリするかもしれませんが、それはあなたを輝かせる〝強み〟の原石。磨くも放り投げるもあなた次第です。

転職を考えているなら、しっかり磨きをかけておきましょう。そして、その〝強み〟と〝やりたいこと〟へのわくわく感の接点が、あなたの「ど真ん中」。たとえそれが未知の分野でも、自分の「ど真ん中」が決まれば一歩踏み出す勇気が出てきます。

「やりたいこと」+「わくわく感」で“強み”は育つ

STEP 1　自分の「ど真ん中」を見つける

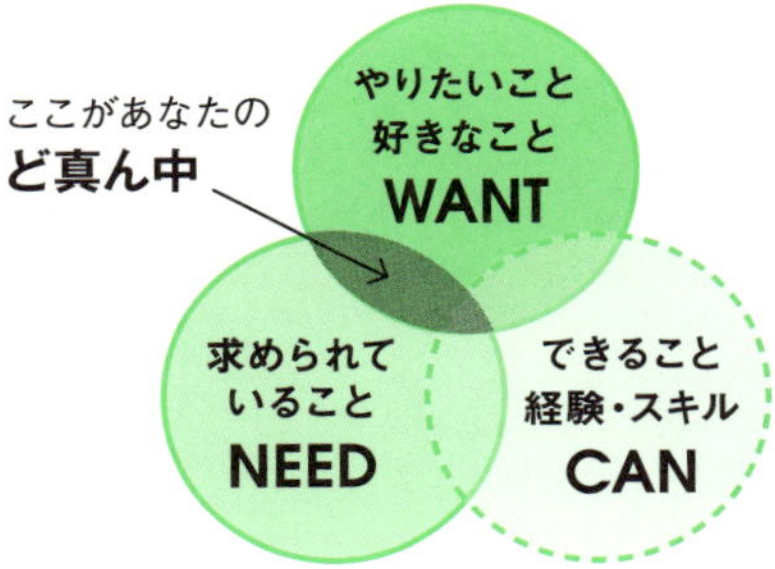

「やりたいこと」と「できること」が一致しなくても大丈夫。あなたのすべてを活かせる「ど真ん中」を見つけるには、「できること」より「やりたいこと・好きなこと」に重点を置いて考えるのがポイントです。

STEP 2　ワークシートで自分を再発見！「わくわく感」を見極める

今の仕事で「好きなこと」を1つ選んで、下の9つのマスの中心「好きなこと」欄（例：営業の同行）に記入してください。次に、その仕事が好きな理由を、①→⑧の順で「理由」欄に記入していきます。もし、書くことがなくなったらストップ、別の「好きなこと」を選んで、同じ要領でくり返してみましょう。

理由③ 例：主体的に動ける	**理由④** 例：人と話すのが楽しい	**理由⑤** 例：成果が目に見える
理由② 例：いろいろな人と会える、人脈が広がる	**好きなこと** 例：営業の同行	**理由⑥** 例：毎日違う仕事ができる
理由① 例：勉強になる、営業スキルが身につく	**理由⑧** 例：転職、起業に役立つ	**理由⑦** 例：退屈しない、飽きない

好きな理由が多く挙がる仕事は、あなたをワクワクさせてくれます。「ワクワクしながら生きる」ということは、「自分らしく生きる」ということ。「やりたいこと・好きなこと」を仕事にしたいときはもちろん、仕事への不満や悩みがあるときも、このワークシートで自分の「ワクワク感」がどこにあるのかを見極めることで、自分の中により多くのワクワクが湧き上がる「ど真ん中」がハッキリと見えてきます。

仕事だけじゃない！一人の人間としても成長したい！

HAPPYのツボ

メンター制度のお手本は日本の伝統的な人材育成の手法

メンターとは「助言者・教育者・師」。企業などで導入されている「メンター制度」は、経験を積んだ先輩社員が後輩をサポートする仕組み。1980年代にアメリカで確立したとされるこの制度は、茶道や華道など日本の伝統的な人材育成制度である「師匠と弟子」と同じ構造である。

あなたはどんな人になりたいですか？

確固たるイメージがない場合は、理想とする人物を探してみてください。

会ったことも、話したこともない有名人や海外セレブでも構いません。見た目や雰囲気だけでも「こんな人になりたい」と思えればいいのです。

そして、その人の「よいところ」を真似てみます。

人間として、あるいは仕事のやり方にしても〝自分らしさ〟に辿り着くには「型」が大事。「○○さんのようになりたい」と思える人のライフスタイルや外見、具体的な行動を真似ることで、その人物のよい影響を受けることがあります。

お手本にしたい人物は、まったく相容れない考えを持つ人よりも、すんなり納得できる、自分と価値観の近い人がベスト。「あの人、いいな」と思ったら、その理由も考えてみると、自分が生きるうえで大事にしている「妥協できないこと」も見えてきます。そんな人を見つけたら、人生の師匠として密かに弟子入りしちゃいましょう。

自分と価値観の似ている メンター＝師匠を持とう

心の中で慕うだけでも。師匠に認めてもらえる弟子を目指す

弟子の心得

- 師匠が好意を抱くような人間的な「かわいらしさ」があること
- 師匠に時間やお金をかけさせないこと
- 師匠のプライドを満たし、決して顔にドロをぬらないこと
- 師匠のアドバイスは素直に受け入れ、実行したら報告すること
- 師匠に何かしらの貢献＝恩返しをすること
- 師匠に「将来が楽しみだな」と思わせること

いつかは「師匠を越えていく」ことが恩返し

何事もその道を極めるには、まず型が大事。師匠の型＝よいところ、素敵なところはどんどん真似しましょう。そして、いつかは師匠を越えることが、師匠への恩返し。そこに辿り着くための「守破離」という法則を紹介します。

守《しゅ》 Keeping

師匠の型を徹底的に真似をする、基礎作りの段階

破《は》 Breaking

自分なりの視点で徐々に型を破り、自分らしさを模索する段階

離《り》 Independence

師匠の型を離れて、自分らしさを確立、個性を発揮する段階

「守破離」とは、武道、茶道、芸術、スポーツなどの修業における理想的なプロセスを3段階で示したもの。何事も守破離をくり返すことで卓越するといわれ、各界の成功者の多くが実践しています。

HAPPYの種

なりたい人を真似るうちに あなたが誰かの「師匠」になる！

手取り足取りではないけれど、人生の要所でよいアドバイスをくれたり、進むべき道を示してくれる人、それが師匠です。だから、師匠は何人いても困りません。

不満だらけでも〝今〟を手放すのが怖くて先に進めない

すべてを手放しても終わりじゃない
そこが新しいキャリアのスタート地点になる

新しい道を選ぶチャンスが来た、と考えれば、
後悔ばかりの人生よりずっと楽しくなるはずです。

いつだって
「今日が一番若い日」
トンネルを抜けるときは
必ず来ます

残念ながら、人生には不可抗力的な出来事がつきまといます。せっかく築いてきたキャリアを足踏みせざるを得ないときもあるでしょう。

でも、辛いとき、困ったときに「足元」を見るのはやめましょう。スッと背筋を伸ばして前を向かないと見えないものがたくさんあります。誰かが手を差し伸べていたり、今まで気づかなかった道が開けていたり、進むべき方向が見えてきます。

もし、どちらの道を進むべきか迷ったら？　私なら、遠回りに見えても「幸福度」が高いほうを選びます。

幸福度とは、「ラク＝逃げ」ではなく、「楽しい＝リスクも含めて気持ちがアガる」こと。「ラク」より「楽しい」で選択した先には、豊かで充実した人生が待っています。

所詮、私たちは「選ばなかった道」の先に何があるかなんてわかりません。また新しい道を選ぶチャンスが来た！　と考えたほうが、選ばなかったことへの後悔ばかりの人生よりずっと楽しいはずです。

いつだって、「これからの人生で今日が一番若い日」なんですから。

人生にムダなことは1つもない！ゼロに戻ることを怖れないで

手放すべきは、あなたを立ち止まらせている「思い込み」

たとえば「収入＝自分の価値」という思い込み。「収入」はわかりやすい評価の形であり、自信を持たせてくれると考えていませんか？

でも、自信とは本来、他者から得るものではなく、自分の内側から湧き上がってくるもの。絶対に手放してはいけないものは、すべて自分の内側にあるのです。

「こうせねばならない」という思い込みを手放したとき、あなたの世界は一変。人からどう見られるかを怖れない。これが戦略的キャリアダウンという生き方です。

HAPPYの種

HAPPYの種は、いつも人が運んできてくれる。人とのつながりのなかで、小さな種はやがて大輪の花に育つ

出会いに恵まれ、人に好かれる3つのスイッチ

人には「そこを押されるとやる気になる」スイッチがあり、そこを刺激してくる人に好感を持ちます。そのスイッチは3つ、私はそれらを〝三感王〟と呼んでいます。

感謝スイッチ ON　挨拶と感謝はコミュニケーションの基本

人はありがとうと言われたい生き物。世のため人のために頑張ることで感謝されたいのです。「あなたしかいない」と頼られるとやる気になります。そして、何がしかの手助けに対して礼を尽くす人に好意を持ちます。

お得感スイッチ ON　Win-Winの関係が出会いを引き寄せる

人は自分の利益のみならず、相手にとって「お得な人でいたい」というギブアンドテイクの精神を持ち合わせているもの。自分がどれくらい役立つのか、自分が動くことでどのようなよい結果がもたらされるのかがわかるとやる気になります。

特別感スイッチ ON　自尊心をくすぐられたら悪い気はしない

自分という存在を尊重されて嫌な人はいません。一目置かれ、礼儀正しく対応されることでスイッチが入ります。

金沢悦子（かなざわ・えつこ）

株式会社はぴきゃり代表取締役。はぴきゃりアカデミー代表。統計心理学i-color エグゼクティブトレーナー。

1991年、株式会社リクルート（現株式会社リクルートホールディングス）に入社。営業に従事し、新人MVP賞を受賞。

1994年、株式会社キャリアデザインセンターに創業メンバーとして参画。広告営業で同社初の売り上げ1億円を達成。広告営業局局次長、広報室室長を歴任するも、仕事との距離感がつかめずに心と体を痛めてしまう。この体験をきっかけに、「幸せに働くってどういうこと？」という問いへの答えを求め、2001年、日本初の総合職女性のためのキャリア転職マガジン『ワーキングウーマンタイプ（現ウーマンタイプ）』を創刊、編集長に就任。編集長時代、5000人以上の女性を取材し、ハッピーキャリアを見つけるための4つのステップを体系化する。

2005年に独立し、有限会社フォーウーマン（現株式会社はぴきゃり）を設立。

2011年、女性のためのキャリアの学校「はぴきゃりアカデミー」開校。年間300人以上の女性たちを「ココロとサイフが満たされる仕事発見」へと導いている。

著者エージェント　アップルシード・エージェンシー

カバーイラスト　吉田なおこ
本文イラスト　たつみなつこ
装丁　村沢尚美（NAOMI DESIGN AGENCY）
本文デザイン　片柳綾子、田畑知香、原 由香里（DNPメディア・アート OSC）
編集協力　稲田智子、土屋美樹

講談社の実用BOOK
図解《ずかい》 自分《じぶん》をアップデートする 仕事《しごと》のコツ大全《たいぜん》
2019年3月20日　第1刷発行

著　者　金沢悦子《かなざわえつこ》
©Etsuko Kanazawa 2019, Printed in Japan

発行者　渡瀬昌彦
発行所　株式会社 講談社
東京都文京区音羽2-12-21　〒112-8001
電話　編集 03-5395-3529　販売 03-5395-4415　業務 03-5395-3615

印刷所　大日本印刷株式会社
製本所　株式会社国宝社

落丁本・乱丁本は購入書店名を明記のうえ、小社業務あてにお送りください。

送料小社負担にてお取り替えいたします。

なお、この本の内容についてのお問い合わせは、生活文化あてにお願いいたします。

本書のコピー、スキャン、デジタル化等の無断複製は著作権法上での例外を除き禁じられています。

本書を代行業者等の第三者に依頼してスキャンやデジタル化することは、たとえ個人や家庭内の利用でも著作権法違反です。

定価はカバーに表示してあります。ISBN978-4-06-514668-2